LA

BATAILLE ÉLECTORALE,

OU

LES MARIONNETTES POLITIQUES,

COMÉDIE EN CINQ ACTES ET EN VERS,

Par A. R.

PRIX : 75 CENTIMES.

PARIS,

TRESSE, LIBRAIRE ÉDITEUR,

AU PALAIS-ROYAL.

1842.

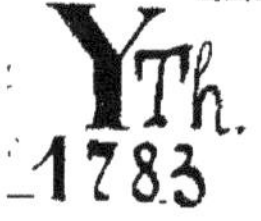

LA

BATAILLE ÉLECTORALE,

OU

LES MARIONNETTES POLITIQUES.

Cette pièce est un peu longue. L'auteur, qui la destinait à la lecture, y a laissé subsister bien des passages qu'il aurait supprimés pour la représentation : puisse le lecteur ne pas trop s'en apercevoir !

LA

BATAILLE ÉLECTORALE,

OU

LES MARIONNETTES POLITIQUES,

COMÉDIE EN CINQ ACTES ET EN VERS,

Par A. R.

(Par Alexis Rousset, d'après Goizet

PARIS,

TRESSE, LIBRAIRE ÉDITEUR,

AU PALAIS-ROYAL.

—

1842.

Que de fois, en lisant les pièces où Molière
Stygmatisait le vice et se donnait carrière,
J'ai pensé qu'aujourd'hui cet énergique auteur
Ferait parler moins haut son vers accusateur;
Qu'amollis, muselés, flétris par la censure,
Ses écrits n'offriraient qu'une faible peinture
Des Harpagons du jour, des Tartufes nouveaux,
Encadrés sans relief dans de pâles tableaux !
La liberté pourtant.... En est-il sur la scène ?
Le moindre trait malin n'y perce qu'avec peine,
Et, si d'un charlatan j'y livre les secrets,
Chacun court de mes vers rayer ses propres traits.
Et l'auteur ne saurait en appeler au prince,
Comme pour le Tartufe. Il n'est pièce si mince
Où quelque Richelieu ne voie un attentat,
Pour se targuer bientôt de la raison d'État.
Que fera cependant un auteur qui se pique
De parler sans détour à la raison publique ?
Je ne sais qu'un moyen, grâce auquel il aura
Théâtre, directeur, acteurs, et cœtera,
Sans craindre aucun refus (ce n'est pas peu de chose),
Et par lequel enfin il plaidera sa cause
En dépit du censeur que ses vers ont armé:
C'est d'offrir au public son ouvrage imprimé.
Ce moyen, je le prends; est-il bon? je l'espère,
Et déjà d'un succès caressant la chimère,
Je te vois, cher lecteur, sourire à des tableaux
Où la vérité seule a guidé mes pinceaux.

LA BATAILLE ÉLECTORALE.

PERSONNAGES.

DE GRAINVILLE, DUROCHER, négociant, commissionnaire-chargeur, FLORIMOND, propriétaire,	candidats à la députation.
MONVEL, préfet du département.	
FRANCOEUR, négociant, homme influent, FINET, ami de Durocher,	électeurs.
ALFRED, neveu de Durocher, avocat.	
RAYMOND, voisin de Durocher, DESJOYAUX, homme influent, DUMAS, chef de bureau à la préfecture,	électeurs.
CHARLES, fils de Monvel, auditeur.	
MADAME FINET.	
ELISA, fille de Francœur.	
EUGÉNIE, fille de De Grainville.	
CRÉDULE, électeur.	
BONHOMME, aubergiste.	
ANTOINE, domestique de la préfecture.	
ÉLECTEURS DE LA VILLE.	
ÉLECTEURS DE LA CAMPAGNE.	
COMMIS DE DUROCHER.	
DIVERS DOMESTIQUES.	

La scène est dans une ville de province.

1er ACTE. — Sur une place publique. Le magasin de Durocher est dans la rue à côté.

2me ACTE. — Chez Francœur.

3me ACTE. — Chez De Grainville.

4me et 5me ACTES. — Sur la même place que le premier.

LA

BATAILLE ÉLECTORALE

OU LES

MARIONNETTES POLITIQUES,

COMÉDIE EN CINQ ACTES ET EN VERS.

Acte Premier.

Le théâtre représente une place publique.

SCÈNE PREMIÈRE.

MONVEL, DE GRAINVILLE.

MONVEL. *(Il tient une liste de noms.)*

Durand, mince avocat, veut un siège de juge,
Au sein d'un riche emploi Dorval cherche un refuge,
L'ingénieur Dumont veut de l'avancement,
Et je sais que sa femme intrigue en ce moment;
Chez Paul c'est un bureau que tout bas on convoite,
Et chez Germeuil un pont qu'en projet on exploite:
Eh bien! tous ces messieurs parviendront à leur but,
Si de leurs voix pour vous ils payent le tribut.
D'un bon *sine quâ non* insinuant la clause,
Sachez donc les lier au gain de votre cause
Et, pour mieux réussir, parlez en notre nom.
Ainsi, selon le cas, changeant d'air et de ton,
Auprès de l'un bien humble, ailleurs plus téméraire,
Promettez à chacun ce qui peut lui complaire.

DE GRAINVILLE.

Je vais agir sans prendre un moment de repos.

MONVEL.

Encore un mot : on cite un nommé Desjoyaux,
Riche célibataire à qui son entourage
De quinze voix, dit-on, compose un apanage.
Mais vous aurez grand' peine à gagner son appui,
Car moi, préfet, toujours j'échouai près de lui.
Cependant sa ferveur s'est, je crois, modérée.

DE GRAINVILLE.

Desjoyaux! j'ai ce nom, il vient à ma soirée,
Et là je tenterai d'adoucir sa rigueur.

MONVEL.

Appliquez-vous surtout à ménager Francœur.
C'est un homme influent qui, sans charlatanisme,
Unit l'amour de l'ordre au plus ardent civisme :
Abondez dans son sens. Ma sincère amitié
Dans ces pénibles soins agira de moitié;
Seule, cette amitié m'y pousserait, quand même
Ne l'eût point ordonné l'autorité suprême.

DE GRAINVILLE.

Mon cher préfet, du moins croyez bien que mon cœur
A s'acquitter un jour mettra tout son bonheur.
Député, j'en aurai les moyens, et je pense
Donner dès-lors carrière à ma reconnaissance.

MONVEL.

Eh bien! je veux ce soir vous présenter mon fils.
C'est un jeune auditeur de mérite, et je dis
Que, puisque vous avez une fille adorable...

DE GRAINVILLE.

Souffrez que j'interrompe une ouverture aimable,
Je vois un électeur et je vais de ce pas...

MONVEL.

Parlez-lui donc si bien qu'il ne résiste pas.

(Il sort.)

SCÈNE II.

DE GRAINVILLE, RAYMOND.

DE GRAINVILLE.

C'est vous, monsieur Raymond ?

RAYMOND.

Oui, monsieur, c'est moi-même.

DE GRAINVILLE.

De vous voir bien portant mon plaisir est extrême.

RAYMOND.

C'est fort aimable à vous.

DE GRAINVILLE.

Et madame Raymond ?

RAYMOND.

(A part.)

A merveille, monsieur. Ce ton-là me confond.

DE GRAINVILLE.

Si j'osais attaquer un point qui m'intéresse...

RAYMOND.

Je ne puis m'arrêter, une affaire qui presse...

DE GRAINVILLE.

Demain, vous le savez, on nomme un député,
Et je viens demander, en toute humilité,
Que vous daigniez, monsieur, m'accorder votre vote.

RAYMOND.

Vous voilà sur les rangs, c'est très-bien, j'en prends note.

DE GRAINVILLE.

Ne puis-je ici briguer l'honneur de votre voix ?

RAYMOND.

Je voudrais, j'en conviens, y penser à deux fois.

DE GRAINVILLE.

Je suis le candidat chéri du ministère.

RAYMOND.

Ceci, j'en suis fâché, ne fait rien à l'affaire.

DE GRAINVILLE.

Pourtant...

RAYMOND.

Pardon, monsieur, j'aperçois Durocher,
Et c'est lui justement que je venais chercher.
Veuillez donc, s'il vous plaît, attendre pour le reste.

DE GRAINVILLE.

Mon rival Durocher! ô contre-temps funeste!
(Il salue et sort.)

SCÈNE III.

RAYMOND, DUROCHER.

RAYMOND *(à part)*.

Le voisin Durocher est enfin de retour.
Je vais sur mes griefs lui parler sans détour.

DUROCHER *(à lui-même)*.

Affranchis de mon joug et de ma surveillance,
Qu'auront fait mes commis pendant ma longue absence?

RAYMOND.

Ah! monsieur Durocher...

DUROCHER.

Bonjour, monsieur Raymond.

RAYMOND.

Excusez-moi, monsieur, si je parais bien prompt
A vous ouvrir mon cœur sur un point qui l'oppresse :
Il s'agit d'un abus qui dès long-temps me blesse.

DUROCHER.

Expliquez-vous, monsieur.

RAYMOND.

Vos ballots, chaque jour,
Encombrent sans façon et la rue et la cour.
Le droit dont vous usez n'a-t-il point de limite?
Le chaland est forcé, s'enfuyant au plus vite,

Dans l'effroi des malheurs qui le peuvent frapper,
D'escalader parfois et parfois de ramper.
Vous comprenez le tort dont j'ai lieu de me plaindre.

DUROCHER.

Je suis très-étonné, je ne saurais le feindre,
De me voir contester un droit qui m'est acquis.
Je l'ai payé, monsieur, et d'un assez haut prix.

RAYMOND.

La rue est au public et ne saurait se vendre.

DUROCHER.

C'est à d'autres que moi qu'il faudrait vous en prendre.

RAYMOND.

Vous abusez du droit.

DUROCHER.

J'en use sans façons.

RAYMOND.

On saura là-dessus vous donner des leçons.

DUROCHER *(brandissant sa canne)*.

Je n'en puis recevoir et j'en offre au contraire.

RAYMOND.

Nous nous reverrons donc... auprès du commissaire.

(Il s'en va.)

SCÈNE IV.

DUROCHER *(seul)*.

Ces petits boutiquiers prétendraient, sur ma foi!
Gêner notre industrie et nous faire la loi.
Mais j'ai cent mille écus en biens-fonds, et je pense
Être un industriel de certaine importance.
A la mairie adjoint, je fais sur la cité
Des réglements pour moi de peu d'autorité.
On me craint, on m'estime et l'on me rend hommage.
Mais où sont mes commis? ils ne font rien, je gage.

(Il appelle.)

Jeunes gens!

SCÈNE V.

DUROCHER, SES COMMIS. *(Ils accourent.)*

TOUS.

Nous voici.

DUROCHER.

Les maîtres paresseux !
Il en vient cinq ou six quand il n'en faut que deux.

(Ils s'en vont tous.)

DUROCHER.

Allons, ils partent tous.

(Il reviennent, se heurtent, prennent peur et s'en vont de nouveau.)

Arrêtez-vous, de grâce,
Et, daignant m'écouter, sachez ce qui se passe.
Notre voisin Raymond me conteste mon droit
Et veut que mes ballots, déjà trop à l'étroit,
N'encombrent plus la cour ni cette étroite rue
Qui doit être, avant tout, librement parcourue,
Dit cet homme. Eh ! quoi donc ! Messieurs, souffririons-nous
Que, bien loin de nous craindre et d'être à nos genoux,
On nous vienne dicter des réglements à suivre !
Non, jamais. C'est de nous qu'on doit apprendre à vivre.
Aussi, plus que jamais, c'est mon intention
D'encombrer le passage avec profusion.
Vous devez me comprendre, allez sans me répondre.

(Les commis s'en vont.)

Ah ! monsieur l'insolent, nous saurons vous confondre !

SCÈNE VI.

DESJOYAUX, DUROCHER.

DUROCHER *(à lui-même).*

Mais voici Desjoyaux.

DESJOYAUX.

Pour mon parent Ducreux

Je viens vous demander un acte généreux.
Nul de sa probité ne doute, je le pense:
On pourrait tout au plus l'accuser d'imprudence.
Entre négociants il est bien quelquefois
De faire un peu fléchir la rigueur de ses droits :
Tel prospère aujourd'hui qui, dès demain peut-être,
A ses comptoirs verra l'infortune apparaître.
La dette de Ducreux est de six mille francs;
J'en veux payer trois mille en beaux écus sonnants,
Si vous vous engagez à l'acquitter du reste.
Pesez bien un refus, il vous serait funeste,
Car cette somme est tout ce que j'entends donner.

DUROCHER.

Je ne crois pas qu'on puisse ici me condamner,
Si je prétends rentrer dans ma créance entière,
Et, sachez-le, monsieur, j'ai sur cette matière
Un système arrêté que voici : tout ou rien.
J'ajoute, pour finir un futile entretien,
Que, si de tels marchés l'on était plus avare,
Le cas dont il s'agit serait beaucoup plus rare.
Que de gens tout-à-coup faussement appauvris
Dans de pareils filets sans pudeur nous ont pris!
Et quand aux yeux du monde ils devaient disparaître,
Plus riches que jamais on les a vus renaître.
Non, non, il faut sévir, et pour moi, sans pitié,
Je veux ici le tout et non pas la moitié.

DESJOYAUX.

On peut se repentir d'une rigueur trop grande.

DUROCHER.

La morale publique ici me la commande.

DESJOYAUX.

Vous confondez, monsieur, le crime et le malheur.

DUROCHER.

Un pareil argument est pour moi sans valeur.

Quand il s'agit d'argent, l'imprudence est un crime,
Et la loi doit sévir : tant pis pour la victime !

DESJOYAUX.

Monsieur est de retour d'un long voyage.

DUROCHER.

Eh bien ?

DESJOYAUX.

A-t-il vu ses amis ?

DUROCHER.

Non.

DESJOYAUX.

Sur cet entretien,
Quand demain il viendra consulter sa mémoire,
Il aura des regrets, j'ai tout lieu de le croire ;
Mais il sera trop tard. Par mon modeste appui,
S'il l'eût voulu, peut-être eussé-je fait pour lui
Plus que je n'attendais de sa simple justice.

DUROCHER.

Faut-il se ruiner pour vous rendre service ?

DESJOYAUX.

Avec la fable, enfin, je lui rappelle, moi,
Qu'on a souvent besoin d'un plus petit que soi.

(Il salue et sort.)

DUROCHER.

Si j'y comprends un mot... mais nous connaissons l'homme
Et, sans rabais, j'entends en arracher la somme.

SCÈNE VII.

DUROCHER, FINET.

DUROCHER.

C'est notre ami Finet. Eh bien ! que disons-nous ?

FINET.

Ah ! mon cher Durocher, j'accours auprès de vous.

DUROCHER.

Qu'avez-vous à m'apprendre?

FINET.

Une bonne nouvelle,
Où vous verrez, pour vous, la ferveur de mon zèle.
Vous savez que demain on nomme un député?

DUROCHER.

Sans doute; eh bien?

FINET.

Son nom, en secret ballotté,
N'a jusqu'ici trouvé que des chances douteuses.
Grainville en a sans doute obtenu de nombreuses;
Mais Grainville, on le sait, représente fort mal
Les inspirations du parti libéral.
Il veut l'ordre, c'est bien. Le préfet et le maire
De son élection ont fait leur propre affaire.
Mais chacun le sait vain et fort ambitieux,
Et beaucoup d'électeurs, désirant trouver mieux,
S'occupaient d'opposer à sa candidature
Un choix très-sérieux de tout autre nature.
Paris nous avait bien imposé son sujet,
Mais la mort est venue en forcer le rejet;
Car celui que déjà l'on vantait à la ronde
S'embarque un beau matin et part pour l'autre monde.
On s'est entretenu d'un nommé Florimond
Qui pour plusieurs serait très-convenable au fond;
Mais vivant dans sa terre, incapable d'intrigues,
Florimond doit tomber dès les premières brigues,
Et c'est vous, Durocher, que j'ai mis en avant.

DUROCHER.

Moi!

FINET.

Vous. Plus mauvais choix a réussi souvent.

DUROCHER.

On pourrait en faire un beaucoup moins honorable.

FINET.

Bon nombre d'électeurs l'ont trouvé convenable.
On vous sait un peu dur ; mais, entrevu de loin,
Ce défaut se transforme en mérite au besoin :
Il devient énergie et forme une barrière
Qui pourra de l'intrigue entraver la carrière.
Comme aussi, d'un beau nom prudemment revêtu,
Votre amour de l'argent devient une vertu.
Quelques uns ont traité votre libéralisme
De faux-semblant et non de vrai patriotisme,
Ont dit que votre haine aux puissants d'autrefois
N'était que jalousie, et cela je le crois...

DUROCHER.

Et vous aussi, Finet !

FINET.

Excusez ma franchise,
Et tout ce qu'on a dit, souffrez que je le dise :
Que le puissant du jour, ce superbe vainqueur,
Au vaincu comparé, n'en semblait pas meilleur ;
Que, moins poli, plus lourd, et plus vénal peut-être,
Il laissait trop souvent regretter l'ancien maître.
Mais de cent traits malins d'un envieux courroux,
J'ai tiré sans grand' peine un argument pour vous,
Et, les faisant tomber sur notre ami Grainville,
J'ai décidé pour vous la moitié de la ville.

DUROCHER.

Eh bien ! je suis sensible à cet extrême honneur,
Auquel, sans hésiter, je souscris de bon cœur.
Et cependant, Finet, c'est un grand sacrifice ;
Car je déclare ici, sans aucun artifice,
Que bientôt, confiée à des commis pervers,
Loin de moi, ma maison ira tout de travers...

La patrie a parlé, cela suffit, je cède :
Tant pis si pour le reste il n'est pas de remède !
Puis convenez, Finet, qu'on peut dans l'avenir,
Sans nuire à son pays, du ministre obtenir
De quelque réglement le secret avantage
Par qui des routes d'or s'ouvriraient au roulage.

FINET.

Ce résultat se peut très-aisément prévoir.

DUROCHER.

Et puis j'ai mon neveu l'avocat à pourvoir.
Le nom de député d'ailleurs est magnifique.

FINET.

Sur quelques soins prudents souffrez que je m'explique.
Il vous faudrait d'abord voir notre ami Francœur,
Homme exalté qui nuit ou qui sert de tout cœur.
Je sais qu'il a promis de soutenir Grainville ;
Mais, après tout, le voir ne peut être inutile,
Et si nous ne pouvons obtenir son appui,
Eh bien ! nous combattrons et nous vaincrons sans lui.

DUROCHER.

Je le connais beaucoup, je cours à sa demeure.

FINET.

Attendez : d'autres soins d'importance majeure
Doivent être à présent discutés entre nous.
Ne pouvant pas lutter deux ou trois contre tous,
Il nous faut obtenir l'appui d'un journaliste.
J'en sais un qu'on pourrait gagner à l'improviste.
Une sous-préfecture est le lot qu'il poursuit,
Et c'est le prix qu'il met à son concours gratuit.
Grainville a fait la faute (il s'en repent peut-être)
De n'avoir pas voulu là-dessus se commettre.
Montrez-vous plus hardi, promettez largement,
Sauf à faillir bientôt à cet engagement.

DUROCHER.

Voyez ce journaliste ; oui, Finet, je m'engage
A payer son appui de semblable avantage :
Qu'il me fasse nommer et j'entends à mon tour
Du ministre arracher sa place au premier jour.

FINET.

Bien. J'y cours. Mais avant vous permettrez, je pense,
Deux mots sur un sujet de certaine importance.
Je voudrais obtenir pour moi-même un emploi
Où, libre de tous soins, n'obéissant qu'à moi,
Filant de soie et d'or de trop courtes journées,
Je pusse en paix prétendre à de longues années,
Enfin un bon emploi de chanoine. Oh ! je sais
Que ma femme a rêvé de tout autres succès,
Qu'un splendide avenir en secret la dévore ;
Mais un emploi paisible est mon fait, et j'abhorre
Les soins dont son orgueil prétendrait me charger.
J'ai dit ce qu'il me faut : est-ce trop exiger ?

DUROCHER.

Non, non, je veux, Finet, demander en despote
Cet emploi si tranquille, et dès mon premier vote.

FINET.

Nous voilà bien d'accord ; courez donc chez Francœur.
Moi, je vais vous servir avec zèle et vigueur.

DUROCHER.

Bien, nous nous reverrons.

(Il sort.)

SCÈNE VIII.

FINET, MADAME FINET.

(Pendant cette scène, on apporte des ballots que les jeunes gens de Durocher font éparpiller dans la rue et sur la place.)

FINET.

Ah Dieu ! voici ma femme !

MADAME FINET.

C'est vous, monsieur?

FINET.

Je suis à vos ordres, madame.

MADAME FINET.

Que faisiez-vous ici?

FINET.

Je quitte Durocher
Que, pour certain sujet, j'étais venu chercher.

MADAME FINET.

Et ce certain sujet, ne peut-on le connaître?

FINET.

Il ne vous offrirait qu'un faible attrait peut-être.

MADAME FINET.

Dites-le moi toujours.

FINET.

Au rang de député,
Par le vœu général, ce voisin est porté.

MADAME FINET.

Cela n'est pas, Monsieur; on porte De Grainville,
Même on cite les voix qui vont à près de mille.

FINET.

Je vous fais observer...

MADAME FINET.

Que vous êtes un sot,
Ce qui n'est pas nouveau. Je n'ajoute qu'un mot:
J'ai reçu ce matin l'honorable visite
De monsieur de Grainville, et j'ai vu son mérite.
En compliments sans fin son esprit éclatait,
Et j'ai donné ma voix pour prix d'un dernier trait.

FINET.

Disposez de la vôtre et souffrez que la mienne...

MADAME FINET.

Et moi je veux, monsieur, que la vôtre s'abstienne,

Ou plutôt que, docile à mes desseins secrets,
Votre voix se consacre à servir mes projets.

FINET.

Mais ces projets du moins...

MADAME FINET.

On vous les dira, traître!
Cependant êtes-vous digne de les connaître?

FINET.

Ah! madame, croyez...

MADAME FINET.

Eh bien! monsieur, j'entends
Aux plus nobles travaux consacrer vos instants.
Tous mes plans là-dessus sont dressés, et j'espère
Vous voir entrer bientôt dans quelque ministère.

FINET.

Moi ministre, madame!

MADAME FINET.

Eh! monsieur, pourquoi pas?
D'autres qui l'ont été sont partis de plus bas.
Je ne veux pas pourtant vous donner à comprendre
Qu'à de si hauts destins il nous faille prétendre :
C'est un sort moins brillant que j'ai rêvé pour vous.
Nous en reparlerons. Suivez-moi; rendons-nous
Dans la maison voisine auprès d'une électrice.

SCÈNE IX.

LES PRÉCÉDENTS, DUROCHER.

DUROCHER *(sans voir madame Finet).*

J'ai rencontré Francœur qui ne m'est pas propice.

FINET *(bas à Durocher).*

Chut! ma femme.

DUROCHER *(saluant).*

Agréez mes très-humbles respects.

MADAME FINET.

Pardon, mais vos projets me sont un peu suspects;
Laissez-moi diriger mon époux à ma guise
Et sans vous en mêler. Excusez ma franchise,
Monsieur. Je vous salue.

FINET.

(bas à Durocher.)

Adieu, comptez sur moi.

SCÈNE X.

DUROCHER (*seul*).

Sa femme est contre nous, Francœur aussi. Ma foi!
Le gant en est jeté, je poursuivrai ma pointe :
C'est tant pis si demain le sort me désappointe.
Un ami m'a d'ailleurs tout à l'heure affirmé
Que le choix fait de nous, en tous lieux proclamé,
Avait été l'objet d'un éclatant hommage :
On croit à mes talents, on croit à mon courage,
Et déjà l'on m'annonce un triomphe certain
Que le commerce entier doit confirmer demain.
Mais, dans l'arène où va s'exercer ma vaillance,
Sachons nous embellir d'un peu de bienveillance
Et...

SCÈNE XI.

DUROCHER, ALFRED.

ALFRED.

Bonjour, mon cher oncle.

DUROCHER.

Ah! c'est vous, mon neveu?

ALFRED.

Je vous trouve à propos pour vous faire un aveu
Qui contient le secret du bonheur de ma vie.

DUROCHER.

C'est sans doute l'aveu de quelque étourderie.

ALFRED.

Je vous dois tout, mon oncle, un état, et je peux
Par vous réaliser l'objet de tous mes vœux,
Que mon cœur composa de gloire et de fortune.
Pourtant il faut encor que je vous importune.

DUROCHER.

Expliquez-vous, monsieur.

ALFRED.

Si mon cœur s'est donné,
Le tort est-il trop grand pour être pardonné?

DUROCHER.

Eh quoi! songeriez-vous à vous mettre en ménage?

ALFRED.

Mon oncle, un tel souci n'est-il pas de mon âge?

DUROCHER.

Et quel objet si doux a touché votre cœur?

ALFRED.

Ah! vous le connaissez, c'est Elisa Francœur.

DUROCHER.

En êtes-vous aimé?

ALFRED.

J'ai sujet de le croire.

DUROCHER.

Et Francœur connait-il cette amoureuse histoire?

ALFRED.

Oui, mon oncle, il la sait.

DUROCHER.

S'en montre-t-il content?

ALFRED.

Nos vœux n'ont pas semblé lui déplaire un instant.

DUROCHER.

Eh bien! monsieur, c'est moi que ces vœux contrarient.

Examinons tous deux ces plans qui vous sourient.
Francœur est honnête homme, il est considéré;
Mais son crédit déjà n'est-il point altéré?
En faveur du pays délaissant ses affaires,
Il a vu de zéros s'enfler ses inventaires.
Il ne saurait donner vingt mille écus comptant
A son malheureux gendre, et je serais content!
Non, je veux...

ALFRED.

Sur ce point souffrez qu'on vous arrête.
Déjà vous m'accordez que Francœur est honnête;
Il est prudent en outre, et, bornant ses désirs,
Il consacre au pays l'emploi de ses loisirs.
Et de tant de vertus quand sa fille est dotée,
Vous faudrait-il encor qu'à la bourse escomptée,
Sa valeur intrinsèque, exprimée en écus,
Fût de vingt mille au moins, les attraits par-dessus?
Que vous font ses talents, son esprit, sa jeunesse?
Vingt mille écus ou non, voilà votre sagesse.

DUROCHER.

O tête écervelée! ô jeune homme imprudent!
Et tu veux obtenir un sort indépendant!
Parmi ces avocats dont le barreau fourmille,
Que feras-tu sans dot et chargé de famille?
En vain tu penseras briller par tes talents;
L'abondance au logis ne viendra qu'à pas lents,
Et pauvre, délaissé d'un accord unanime,
Tu n'obtiendras jamais qu'une imparfaite estime.

ALFRED.

Pourtant...

DUROCHER.

J'ai mes projets, et si je réussi,
Après moi remorqué, vous monterez aussi.
Alors, pour vous ouvrir une noble carrière,

Je vous pourrai trouver quelque riche héritière.

ALFRED.

Mais, mon oncle, souffrez...

DUROCHER.

C'est assez, laissez-moi.

ALFRED *(à part)*.

Il faut pour quelque temps lui céder malgré soi.

(Il sort.)

SCÈNE XII.

DUROCHER *(seul)*.

Que la charge d'un oncle est quelquefois pesante !

(Il remarque les ballots qui ont été dispersés par son ordre.)

Que vois-je ! voilà bien l'action malfaisante
De commis qui, toujours trop mous à travailler,
Avec de bons voisins prétendraient me brouiller.
Hé ! messieurs !

SCÈNE XIII.

DUROCHER, SES COMMIS.

LES COMMIS.

Nous voici.

DUROCHER.

C'est à n'y rien comprendre.
Sur mes ordres formels a-t-on pu se méprendre ?

(Il voit s'approcher Raymond.)

SCÈNE XIV.

LES PRÉCÉDENTS, RAYMOND.

DUROCHER *(sans paraître avoir vu Raymond, plus haut)*.

Puis-je vouloir gêner nos excellents voisins,
Et par mille ballots masquer leurs magasins ?
L'ordonnance est précise et ne peut le permettre,
Et qui dicte la loi doit d'abord s'y soumettre.

UN COMMIS.

Mais, monsieur...

DUROCHER.

Taisez-vous.

UN COMMIS (*bas*).

Il paraît bien changé.

RAYMOND (*à part*).

Lui qu'on voyait tantôt... l'aurions-nous mal jugé?

DUROCHER (*aux commis*).

Allons, messieurs, mettez tous vos ballots en place :
Ce qu'ordonne la loi, je prétends qu'on le fasse.

(Les commis se retirent en se faisant des signes.)

RAYMOND (*à lui-même*).

Je me vois obligé de prendre un ton plus doux.

(A Durocher.)

Pardon. Mais je venais vous donner rendez-vous,
Pour nos derniers débats, auprès du commissaire.

DUROCHER.

Eh quoi! vous avez pris au sérieux l'affaire?
Je suis vif, emporté; mais bientôt je reviens
Et crains fort de déplaire à mes concitoyens.
Je n'ai point attendu qu'une nouvelle plainte
Me vînt, de par le Roi, menacer de contrainte,
Et ne blâmez, voisin, que mes pauvres commis,
Par lesquels je me vois constamment compromis.

RAYMOND.

Chaque mot que j'entends tourne à votre avantage;
Mais je pars pour ne point vous gêner davantage.
A l'honneur donc, monsieur.

(Il sort.)

SCÈNE XV.

DUROCHER, UN DOMESTIQUE.

DUROCHER.

Que me veut ce garçon?

LE DOMESTIQUE *(cherchant parmi des lettres).*

C'est un billet.

DUROCHER.

(A lui-même.)

Donnez. J'ai jeté l'hameçon
A l'électeur Raymond qui semble y vouloir mordre.

(Il ouvre le billet.)

Ce que Francœur m'annonce est tout-à-fait dans l'ordre :
On veut qu'en sa demeure il soit fait un scrutin
Qui des deux candidats prépare le destin.

(Au domestique.)

Bien, j'irai.

(Le domestique sort.)

SCÈNE XVI.

DUROCHER *(seul).*

Relisons :
« Pour céder au vœu du commerce
» Qui vous choisit pour candidat,
» Entre Grainville et vous, dans une maison tierce,
» Veuillez aujourd'hui même accepter le combat.
» Cette maison sera la mienne.
» Ainsi l'ont décidé de nombreux électeurs
» Voulant interroger les deux compétiteurs.
» Il se peut même qu'il advienne
» Que Florimond aussi se mette sur les rangs,
» Car on lui sait déjà de nombreux partisans.
» S'il en est ainsi, la victoire
» Encor plus disputée en aura plus de gloire. »

Courons quêter des voix.
Que les vœux du pays sont exigeants parfois !

(Il sort.)

FIN DU PREMIER ACTE.

Acte Deuxième.

Le salon de Francœur.

(Il communique avec d'autres pièces ouvertes et dans lesquelles pourront circuler de nombreux invités.)

SCÈNE PREMIÈRE.

FRANCOEUR, ELISA, ALFRED.

ÉLISA.

Mon père, eh quoi! c'est vous qui soutenez Grainville?

FRANCOEUR.

Justifier ce choix me serait bien facile;
Mais, Elisa, conviens que ton propre intérêt,
Parmi les candidats, lui seul te guiderait.
Tu soutiens Durocher et j'en comprends la cause :
Son heureux titre d'oncle expliquerait la chose.

ÉLISA *(montrant Alfred).*

Combattre Durocher, c'est nous perdre tous deux.

ALFRED.

N'en attendez plus rien.

ÉLISA.

Repousse-t-il nos vœux?

ALFRED.

Il vient de m'enlever ma dernière espérance.

FRANCOEUR.

Ah! du moins compte encor sur ta persévérance.
N'as-tu point un état? ne demande qu'à lui
Les biens que te refuse un tyrannique appui.
Dispute à cent rivaux ta récolte de gloire,

Mon Elisa sera le prix de la victoire.
On combat mollement quand on est soutenu ;
Qui s'est armé d'efforts, est toujours parvenu.
Cessant donc de briguer l'appui qu'on te marchande,
Trouve en toi les succès que ton bonheur demande.

ALFRED.

C'est bien là mon projet et vous m'avez tracé
Une voie où mon cœur vous avait devancé.

ÉLISA *(à Francœur)*.

Pourtant n'oubliez pas ce qu'il naîtra de haine
Du rôle où, sans pitié, le devoir vous entraîne :
Vous soutenez Grainville et jamais son rival
Ne vous pardonnera cet appui trop loyal.

FRANCOEUR.

Eh quoi ! veux-tu me voir, tout rempli de moi-même,
De petits intérêts faire ma loi suprême,
Et, dans le cercle étroit qui viendrait m'enfermer,
Les consulter sans cesse avant de m'exprimer ?
Ah ! tu n'y penses point.

ÉLISA.

Excusez-moi, mon père.
Hélas ! que je suis loin de votre caractère !
M'en voulez-vous, Alfred ?

ALFRED.

Qui, moi, vous en vouloir !
Le but de vos discours s'est bien assez fait voir,
Et d'ailleurs, entre nous, j'estime peu Grainville.

FRANCOEUR.

Alfred, un meilleur choix du moins n'est pas facile.
L'État, que les partis n'ont que trop ébranlé,
Veut aujourd'hui de l'ordre un défenseur zélé,
Et, député, Grainville opposera sans cesse
A la voix de l'erreur la voix de la sagesse.

ALFRED.

Le voici.

ÉLISA.

Je vous quitte, adieu.

ALFRED.

Pensez à moi.

ÉLISA.

Quoi qu'il arrive, Alfred, je vous garde ma foi.

(Elisa rentre dans son appartement. Alfred sort.)

SCÈNE II.

FRANCOEUR, DE GRAINVILLE.

DE GRAINVILLE.

J'accours tout indigné, je ne saurais le feindre.

FRANCOEUR.

Voyons, de quoi, Grainville, avez-vous à vous plaindre?

DE GRAINVILLE.

Florimond, homme honnête et que j'ai toujours vu
De bon sens et d'esprit suffisamment pourvu,
Qui prétend, j'en suis sûr, à la main de ma fille,
Et que j'eusse peut-être admis dans ma famille,
Eh bien! sans nul souci de nous et de nos plans,
Il m'enlève des voix et se met sur les rangs
Pour aller à ma place à la chambre élective.

FRANCOEUR.

Eh! mon Dieu! que vous fait sa vaine tentative?

DE GRAINVILLE.

Quoi! vous n'y voyez point un affreux procédé?

FRANCOEUR.

Aux vœux de ses amis Florimond a cédé.

DE GRAINVILLE.

Je conviens qu'il n'a pas la plus petite chance,
Mais...

FRANCOEUR.

C'est traiter l'affaire avec trop d'importance.
Et, d'ailleurs, qui pourrait refuser un mandat
Par lequel on concourt au bonheur de l'État,
Et quand, pour prix des soins consacrés à sa gloire,
L'État peut vous ouvrir le temple de mémoire?

DE GRAINVILLE.

Florimond nous attaque et vous le soutenez!

FRANCOEUR.

Il use de son droit et vous le condamnez!
Mais quittons ce projet pour parler d'autre chose.
Grainville, vous savez le but qu'on se propose
En rassemblant chez moi les trois compétiteurs.
Soyez prêt à remplir le vœu des électeurs.
Exposez sans détours la ligne politique
Que suivra votre ardeur pour la chose publique,
Et songez, mon ami, que votre élection
Va se trouver livrée à la discussion.

DE GRAINVILLE.

Sans doute je consens à dire avec franchise
Quelle est ma ligne à suivre et quelle est ma devise;
Mais je puis par avance être sûr du succès.
Le Ministre applaudit aux efforts que je fais:
Il n'a dit qu'un seul mot et nos fonctionnaires
Ont oublié pour moi le soin de leurs affaires.
Enfin je puis compter sur vous et vos amis.
L'espoir le mieux fondé nous est donc bien permis.

FRANCOEUR.

N'allez pas cependant négliger quelque chose;
Vous n'avez pas encor tout-à-fait gain de cause.
Voici des électeurs, je cours les recevoir.

SCÈNE III.

(On voit dans le fond se former des groupes où s'engagent des conversations.)

DE GRAINVILLE, MADAME FINET.

DE GRAINVILLE.

(Il va au-devant d'elle.)

Ah! madame Finet, enchanté de vous voir...

MADAME FINET.

Cher monsieur, permettez que votre humble servante
Sur un prochain succès ici vous complimente.
Pour vous servir j'ai vu de nombreux électeurs,
Et n'ai trouvé partout que vos admirateurs.

(Grainville salue et serre les mains de Mme Finet.)

MADAME FINET *(poursuivant)*.

Pour qui veut obliger il n'est pas de fatigue;
J'ai formé le réseau d'une puissante ligue
Qui, grace à mille époux qu'on captive aujourd'hui,
Vous promet pour demain un formidable appui.

DE GRAINVILLE.

Pourrais-je un jour au moins assez bien reconnaître
Les bontés...

MADAME FINET.

Ah! monsieur, vous le pourrez peut-être.

DE GRAINVILLE.

Daignez, dès à présent, m'en tracer le moyen.

MADAME FINET.

Mon mari, très-connu pour être homme de bien,
Qui sous tous les rapports a beaucoup de mérite,
Est l'être intéressant pour qui je sollicite
De notre digne élu quelque poste élevé.

DE GRAINVILLE.

Cet emploi par mes soins sera bientôt trouvé,
Et j'entends le choisir digne de vous, madame.

MADAME FINET.

Recherchez-le bien haut : assisté de sa femme,
Finet, par ses travaux, saura s'y maintenir
Et se poser vers vous en homme d'avenir.

DE GRAINVILLE.

N'a-t-il pas témoigné d'un goût par excellence
Dans le choix qu'il a fait d'une épouse?..

MADAME FINET.

Ah! silence.
Mon cœur vous est déjà beaucoup trop dévoué :
Un intérêt si vif peut-il être avoué?
Mais j'ai constamment eu la plus grande faiblesse
Pour les gens comme vous tenant à la noblesse :
Je suis aristocrate. Aussi que n'ai-je fait
Pour que demain le sort vous servît à souhait?
Et de plus, par le zèle égalant sa compagne,
Mon époux va partir, et, courant la campagne,
Il vous ramènera de nombreux électeurs,
De nos secrets desseins muets exécuteurs:
Leur pays est le sien. Son cousin est notaire
Au chef-lieu du canton dont il connaît le maire.
Le garde-chasse, en outre, est l'un de ses amis.
Ainsi tous les ressorts dans ses mains seront mis.

DE GRAINVILLE.

Madame, en vérité, je vous trouve admirable;
Mais pour rendre ce plan encor plus profitable,
Priez monsieur Finet de vouloir emporter
Les mets les plus exquis, quoi qu'ils puissent coûter.
Il peut voir pour cela l'aubergiste Bonhomme,
Lequel, tout compte fait, en portera la somme
Au crédit du Préfet: car c'est dans nos accords,
Et j'en prétends user sans le moindre remords.
Mais dites-lui surtout de s'armer de champagne,
Article essentiel dans ce plan de campagne.

Puis à quelques cents francs pourrait-on regarder
Quand l'État qui vacille est à consolider,
Et qu'on peut, par l'emploi des arguments bachiques,
Sur le pavois porter ses amis politiques?
Ainsi, des meilleurs vins chargez monsieur Finet,
Et j'en attends, madame, un excellent effet.

MADAME FINET.

Bien, dans tous ses détails notre œuvre est préparée...

DE GRAINVILLE *(l'interrompant)*.

A propos, aujourd'hui venez à ma soirée;
J'y reçois le Préfet, et je veux près de lui,
En vous le présentant, exalter votre appui.

MADAME FINET.

Ah! monsieur, quel honneur!

DE GRAINVILLE.

Madame de Grainville,
Qui déjà, je le sais, vous distingue entre mille,
Sera, croyez-le bien, heureuse de vous voir.

MADAME FINET.

Mais c'est trop de bontés...

DE GRAINVILLE.

Ah! madame... A ce soir.
Je vois quelques amis, souffrez que je vous quitte.

(Il salue profondément et va se mêler aux groupes que l'on voit circuler dans le fond.)

SCÈNE IV.

MADAME FINET *(seule)*.

Je suis de tant d'honneur tout-à-fait interdite,
Et je suffis à peine à ma félicité.
Je vais donc fréquenter les gens de qualité!
Oh! oui, je le sens bien, c'est près d'eux qu'est ma place,
Et si monsieur Finet avait la moindre audace...
Ah! malgré cet époux, écoutant mon grand cœur,

Je saurai... Mais allons vers Élisa Francœur;
Je veux lui demander une démarche utile
Aux intérêts si chers de notre ami Grainville.

SCÈNE V.

DUROCHER, FINET.

(La foule des électeurs cause par groupes.)

FINET.

C'est madame Finet, mais fort heureusement
Je la vois s'éloigner de cet appartement.

DUROCHER.

Eh bien! avez-vous vu l'austère journaliste?

FINET.

Je l'ai vu tout à l'heure et pris à l'improviste.
Il s'est de prime abord fortement récrié
Sur le projet auquel il était convié,
Projet antipathique à ses principes d'ordre,
Disait-il, et j'ai craint qu'il n'y voulût pas mordre.
Erreur! car je l'ai vu, par degrés adouci,
Sous mes derniers efforts crier enfin merci.
Mais, pour faire agréer votre candidature,
J'avais tout bas promis qu'une sous-préfecture,
Par vos soins obtenue, acquitterait l'appui
Que l'éloquent journal vous accorde aujourd'hui.
Ma promesse a fixé sa plume irrésolue.
Ainsi, vous le voyez, cette affaire est conclue.

DUROCHER.

Merci, cent fois merci; mais à présent, Finet,
Que de motifs encor pour rester inquiet!
Grainville est appuyé...

FINET.

Sachez une nouvelle
Où vous reconnaîtrez mon amitié fidèle:

Je vais partir ce soir, en époux bien soumis,
Quêter *extrà muros* les voix de nos amis
Pour l'heureux candidat choisi par ma compagne,
Qui, dans ce but, m'envoie explorer la campagne.
Déjà dix omnibus par ses soins préparés
Offrent leurs flancs poudreux au plan des conjurés ;
Mais, messager passif, pour sauver l'apparence,
Je compte cependant tromper leur espérance,
Et tout bas acquérir à l'ami Durocher
Les voix que pour Grainville on m'envoyait chercher,
Puis ramener ici la phalange guerrière
Qui pour vous sans broncher votera tout entière.
Eh bien ! que dites-vous de cet adroit projet ?

DUROCHER.

Oh ! le brave garçon ! oh ! l'excellent sujet !
Ce bon tour dans mon cœur sur-le-champ s'enregistre,
Et c'est vous le premier que j'impose au Ministre.
J'aperçois Desjoyaux, laissez-moi lui parler.

SCÈNE VI.

DUROCHER, DESJOYAUX, PUIS DANS LE FOND LA FOULE DES ÉLECTEURS.

DUROCHER.

Cher monsieur, nous avons une affaire à régler.

DESJOYAUX.

Cependant je croyais, d'après votre réponse...

DUROCHER.

Monsieur, si lentement parfois je me prononce,
La droiture pourtant n'y perdit jamais rien,
Ce que va vous prouver le présent entretien.
Ah ! pourrais-je hésiter ? Quelle ame assez commune
Peut confondre à plaisir le crime et l'infortune ?
Votre parent Ducreux, c'est un point établi,

Dans ses travaux était un marchand accompli ;
De sa gêne présente on connaît l'origine
Et sa probité seule a causé sa ruine ;
Et pour lui maintenant l'on serait rigoureux !
N'est-ce point un devoir d'aider les malheureux ?
Tel est riche aujourd'hui, qui, demain misérable,
Lui-même aura besoin d'une main secourable.
Ainsi, mon cher monsieur, j'accepte avec plaisir
Un accommodement selon votre désir.

DESJOYAUX.

C'est, je dois l'avouer, agir en galant homme,
Et ce soir, sans manquer, vous recevrez la somme.

DUROCHER.

Nous voilà bien d'accord ; si j'osais maintenant...

DESJOYAUX.

Vous rendez à Ducreux un service éminent.

DUROCHER.

De vos opinions ayant pris connaissance,
J'ai tout lieu d'espérer...

DESJOYAUX.

Avec reconnaissance
Ducreux lui-même ira, débiteur diligent,
Contre un acquit final vous porter mon argent.

DUROCHER.

Parfaitement instruit de votre caractère
Dont le patriotisme est bien connu, j'espère...

DESJOYAUX.

Ducreux ne sera pas un ingrat, je le crois.

DUROCHER.

Vous disposez, dit-on, d'nn grand nombre de voix ;
Connaissez donc, monsieur, l'espoir dont je me berce.
Moi, l'heureux candidat choisi par le commerce,
Je pense...

DESJOYAUX.

Excusez-moi, je vois quelques amis,
Et je veux là-dessus obtenir leur avis.

DUROCHER.

Pourtant, monsieur...

FINET (*accourant*).

Venez, car chacun vous demande,
Et voici le moment du discours de commande.

(Ils vont se mêler aux groupes.)

SCÈNE VII.

LES PRÉCÉDENTS, FLORIMOND, FRANCOEUR.

FRANCOEUR.

Vous jouez le bonheur contre un douteux succès.

FLORIMOND.

Je puis en succombant tout perdre, je le sais;
Mais puisqu'on m'a doté d'une faveur insigne
Et que d'un tel éclat le pays me croit digne,
Je fermerai les yeux sur un mal personnel
Que je ne saurais fuir sans être criminel.

FRANCOEUR.

Eh bien! je suis content et c'est moi qui vous loue,
Car je vous éprouvais, mon ami, je l'avoue.
Maintenant, si Grainville a si peu de bon sens
Que de tels procédés lui semblent offensants,
Moi, dont l'ardent appui valait bien quelque chose,
Je vous fais le serment d'abandonner sa cause.

(Les groupes s'avancent sur le devant de la scène.)

Il va parler, je crois; allons donc l'écouter.

SCÈNE VIII.

LES PRÉCÉDENTS, DUROCHER, DE GRAINVILLE, FINET,

ET TOUS LES INVITÉS A CETTE RÉUNION PRÉPARATOIRE.

DUROCHER *(à de Grainville).*

A cet égard, monsieur, j'ai le droit d'insister.
Votre candidature est la première en date.

DE GRAINVILLE.

Cette façon d'agir, certes, est délicate,
Monsieur ; je consens donc à parler avant vous ;
Mais, par occasion, je dis qu'il m'est bien doux
De trouver à combattre un si noble adversaire.

DUROCHER.

De ma part cette lutte est un peu téméraire ;
Mais comment résister aux vœux de ses amis ?

DE GRAINVILLE.

L'espoir le mieux fondé vous est, je crois, permis ;
Du moins je pourrai faire une chute honorable.

DUROCHER.

Monsieur, votre triomphe est beaucoup plus probable.
Mais commencez, de grace ; on vient vous écouter.

DE GRAINVILLE.

Puisque vous le voulez, je vais vous présenter
En peu de mots, messieurs, un exposé fidèle
Des sources où viendra se raviver mon zèle.
La liberté sans doute est le premier des biens ;
Je la saurai défendre et par tous les moyens.
L'égalité sa sœur est par moi vénérée :
Leur cause à toutes deux est à mes yeux sacrée ;
Mais cette cause en France est gagnée à jamais,
Et d'autres soins, messieurs, importent désormais.
Avec la liberté se produit la licence :

C'est à neutraliser sa funeste influence
Que je voudrais surtout consacrer mes efforts
Pour sauver au pays d'infaillibles remords.
Sans s'arrêter jamais, faut-il toujours détruire,
Et, fatigués du bien, passerons-nous au pire?
Après un demi-siècle, il est temps de fonder.
Ma mission serait de tout consolider,
Me piquer d'aller bien et non pas d'aller vite,
Relever le respect que le pouvoir mérite
(Car, messieurs, le pouvoir est avant tout sacré,
C'est la clef de la voûte), et d'un Roi vénéré
Défendre et la grandeur et la prérogative
Contre les coups pressés d'une fureur active,
Assurer l'édifice au lieu de l'affaiblir :
Tel est l'engagement que je voudrais remplir.
Enfin, sincère ami de notre monarchie,
Je tendrais constamment à tuer l'anarchie,
Si, daignant comme élu m'agréer aujourd'hui,
Vos votes à l'État me donnaient pour appui.

CRÉDULE.

C'est, ma foi! bien parler.

UN AUTRE ÉLECTEUR.

A merveille, Grainville!

UN AUTRE.

Résister au torrent, la tâche est difficile.

DESJOYAUX.

Il est d'autres besoins qu'on pourrait rechercher.

UN AUTRE.

Je crois...

FINET.

Messieurs, silence, écoutons Durocher.

DUROCHER.

Je vais en quelques mots offrir, pour vous complaire,

Des principes que j'ai le rapide inventaire.
La licence à mes yeux sans doute est un malheur,
J'en entendis toujours les cris avec douleur;
Mais il est d'autres soins dont mon esprit s'occupe
Et d'un effroi menteur je ne suis pas la dupe.
Quoi! l'on veut s'endormir dans un fatal repos!
Ce bonheur ne serait que la paix des tombeaux.
La jeunesse est toujours de fièvre un peu suivie,
Et cet excès d'ardeur n'est qu'un excès de vie;
L'œuvre la plus parfaite a ses défauts légers
Que le bon sens accepte ainsi que ses dangers.
C'est par de sages lois qu'il faut fermer le gouffre
Qu'on entrevoit si près d'un grand peuple qui souffre.
Si ce peuple a su vaincre, il veut en profiter,
Et ceux qu'il a faits rois devraient-ils l'exploiter?
Qu'on agisse envers lui comme agirait un père.
Quoiqu'au sein de la paix, soyons prêts pour la guerre!
Et que le nom français, grace à nous respecté,
De gloire et de terreur soit partout escorté!
Mais n'allons pas, messieurs, prêts à rendre les armes,
Supposer tout perdu dès les moindres alarmes.
Rome avait comme nous ses cris et ses douleurs:
La conquête du monde a payé ses malheurs.
Pour finir, si par vous j'étais jugé capable
De remplir dignement un mandat honorable,
Je voudrais conquérir par de meilleures lois
Le bonheur général espéré tant de fois,
Et, ne tremblant jamais quand approche l'orage,
Souffrir un peu l'abus pour protéger l'usage.

CRÉDULE.

Bien! très-bien!

UN AUTRE ÉLECTEUR.

A merveille!

PLUSIEURS.

Oui, vive Durocher !

FINET *(à part).*

Si c'est de l'éloquence, où la va-t-il pêcher ?

DE GRAINVILLE.

A braver le péril que de fois on succombe !

DUROCHER.

Qui veut trop l'éviter, tout le premier y tombe.

DE GRAINVILLE.

La prudence est pourtant le meilleur conseiller.

DUROCHER.

C'est par d'autres vertus qu'il convient de briller.
Votre prudence à vous naît d'un cœur trop timide.

DE GRAINVILLE.

Vous avez vos raisons pour paraître intrépide.

DUROCHER.

Vous en avez, je crois, pour vous montrer prudent.

DE GRAINVILLE.

On voudrait sur le peuple asseoir son ascendant.

DUROCHER.

La main tendue et prête à toucher le salaire,
On se fait du pouvoir le partisan sincère.

DE GRAINVILLE.

Dans cette austère ardeur qu'on veut faire éclater,
On combat le pouvoir pour se faire acheter.

DUROCHER.

Moi, me faire acheter ! Vous en avez...

FRANCOEUR *(l'interrompant vivement).*

Silence !...

C'est à vous, Florimond... Messieurs, quelle imprudence !

FLORIMOND.

Après les deux discours qu'on vient de prononcer,

Sous quel titre nouveau me pourrai-je annoncer?
Conservateur ardent ou progressif sincère,
Je me vois enlever et la paix et la guerre,
Et, privé de drapeau, craignant de fatiguer,
Je ne sais près de vous comment me distinguer.
Ah! je dirai du moins que, député fidèle,
Ni travaux ni dangers n'attiédiraient mon zèle;
Qu'ami constant du peuple et du Roi, je voudrais,
En m'appuyant sur l'ordre, assurer le progrès,
Pour alléger l'impôt chercher l'économie;
Que mon austérité, lâchement endormie,
Jamais n'irait, au prix de mon vote épié,
Arracher du Ministre un emploi mendié,
Et que, si l'étranger menaçait ma patrie,
On me verrait offrir mon bras, mon or, ma vie,
Et pousser le pays aux efforts les plus grands
Pour sauver ses destins de maux déshonorants;
Enfin que, proscrivant cet étroit égoïsme
Qui borne à son clocher un vain patriotisme,
Je ferais, sans mépris de l'intérêt local,
Triompher avant tout l'intérêt général.
En vous parlant ainsi, je suis trop franc peut-être;
Tel que je suis, messieurs, je tiens à le paraître,
Et, si j'avais l'honneur d'être élu député,
Ma devise serait : Courage et probité.

DUMAS.

Ce langage est du moins celui d'un honnête homme.

CRÉDULE.

Ce Florimond me plaît.

FINET.

Je doute qu'on le nomme.

DESJOYAUX.

Sur quels bancs Florimond prétendrait-il s'asseoir?

FLORIMOND.

N'importe sur quel banc, je ferai mon devoir.

DESJOYAUX.

Cependant quels amis auront sa confiance?

FLORIMOND.

Tous ceux que je croirai voter en conscience.

DUMAS.

Moi, je vote pour lui.

UN ÉLECTEUR.

Je porte Durocher :
Lui seul est en état de nous faire marcher.

AUTRE ÉLECTEUR.

Mais trop vite, à mon gré. Je vote pour Grainville.

CRÉDULE.

Y réfléchir long-temps est, je crois, fort utile.

FRANCOEUR.

Quelques amis m'ont fait une observation
Que je soumets, messieurs, à votre attention :
Ces électeurs voudraient qu'un scrutin provisoire
Du député futur préparât la victoire,
Afin que dès demain son sort définitif
Fût le prompt résultat d'un effort collectif.
Si cela vous convient, comme je l'imagine,
Veuillez, messieurs, passer dans la pièce voisine :
Vous y pourrez trouver des bulletins tout prêts
Qui seront de vos vœux les confidents discrets.

UN ÉLECTEUR.

C'est d'accord.

CRÉDULE.

La mesure est assez nécessaire.

FRANCOEUR.

Que chacun vote donc pour celui qu'il préfère.

DE GRAINVILLE *(à part)*.

A se donner son vote on ne peut hésiter.

DUROCHER *(à part)*.

Je cours voter pour moi.

FLORIMOND.

Je m'abstiens de voter.

(Florimond se retire; Durocher et de Grainville passent avec la foule des électeurs dans la salle où l'on vote.)

SCÈNE IX.

DESJOYAUX, DUMAS, CRÉDULE, UN ÉLECTEUR.

L'ÉLECTEUR *(à Desjoyaux)*.

Pour qui, mon cher parent, convient-il que je vote?

DESJOYAUX.

Florimond est, je crois, le meilleur patriote;
Pourtant abstenons-nous. Un sévère examen
Des replis de son cœur doit m'ouvrir le chemin:
Ce soir je l'y soumets. J'ai tout sujet de croire
Qu'il saura sans mensonge en sortir avec gloire.
Toutefois il convient d'attendre jusque-là:
Il faut être prudent.

L'ÉLECTEUR.

Bien! j'approuve cela.

(Ils sortent.)

SCÈNE X.

DUMAS, CRÉDULE.

DUMAS.

Le Préfet m'a prescrit de voter pour Grainville;
Mais, fatigué du joug, je deviens indocile.
Depuis six ans et plus je vote d'après lui;
Je vais pour Florimond m'insurger aujourd'hui.

(Il passe dans la salle où l'on vote.)

SCÈNE XI.

CRÉDULE *(seul).*

Ah ! quel temps merveilleux que le temps où nous sommes !
Combien j'y trouve beaux les sentiments des hommes !
Tous aiment leur pays et chérissent le bien.
De nos trois candidats j'ai suivi l'entretien,
Et chacun dans son sens m'a paru le plus sage :
Que ne puis-je en trois parts diviser mon suffrage !

SCÈNE XII.

UN ÉLECTEUR, CRÉDULE.

L'ÉLECTEUR *(sortant de la salle où l'on vote).*

Le succès de Grainville est à présent certain.

CRÉDULE.

Je cours voter pour lui, sauf à changer demain.

FIN DU DEUXIÈME ACTE.

Acte Troisième.

Un petit salon chez de Grainville : il communique avec le salon principal par un vestibule ouvert qui existe au fond du théâtre. Portes à droite et à gauche dans le petit salon ; chaises et tables de jeu.

SCÈNE PREMIÈRE.

DE GRAINVILLE, EUGÉNIE.

EUGÉNIE.

Recevez-en, monsieur, mon compliment sincère.

DE GRAINVILLE.

Sans vous, ce résultat ne me toucherait guère,
Ma fille ; mais pour vous je dois m'en applaudir,
Car je vois maintenant vos destins s'agrandir.
Député dès demain, dans quelque temps sans doute
D'un rang plus haut encor je gravirai la route.
Je suis Ministre, et vois parmi vos prétendants
Des plus grandes maisons les illustres enfants :
Vous choisissez bientôt ... et vous voilà duchesse.
Vous suivez des grandeurs la route enchanteresse.
Puis, moi, pour prix des soins consacrés à l'État,
Moi, de l'ordre établi le courageux soldat,
Du titre, objet caché de ma longue espérance,
Je m'enrichis moi-même... et je suis pair de France.

EUGÉNIE.

Vous oubliez, je crois, certain engagement
Qui ne peut de mon cœur sortir si promptement.

DE GRAINVILLE.

Existe-t-il encor l'engagement tacite
Qui liait à vos jours un amant hypocrite?
Ce sot engagement, trop tôt favorisé,
L'orgueil de Florimond l'a pour toujours brisé;
Tous regrets seraient vains, vous devez le comprendre:
Qui s'est fait mon rival ne peut être mon gendre.

EUGÉNIE.

L'honneur était trop grand pour ne point l'accepter.

DE GRAINVILLE.

Qui prétendait à vous le devait rejeter.

EUGÉNIE.

Être utile au pays passe avant tout le reste:
On en subit le sort favorable ou funeste.

DE GRAINVILLE.

Mais ce soin glorieux m'ayant été commis,
Y prétendre après moi cessait d'être permis.

EUGÉNIE.

J'ai poussé Florimond sur la route fatale
Où devait s'engager cette lutte inégale.
Voulez-vous?...

DE GRAINVILLE.

Fille ingrate, à ce point me trahir!
Mais j'ai dit mes projets; songez à m'obéir.

(Il sort.)

SCÈNE II.

EUGÉNIE (*seule*).

O mon cher Florimond, j'entends, fille rebelle,
A nos secrets serments rester toujours fidèle.
En vain l'ambition voudra régler mes vœux;
Quel que soit notre rang, c'est vous seul que je veux.
Le Préfet!

(Eugénie se retire.)

SCÈNE III.

MONVEL, CHARLES, UN DOMESTIQUE EN LIVRÉE.

MONVEL *(au domestique).*

Vous irez jusqu'à la Préfecture ;
Vour y rappellerez l'importante mesure
Prescrite à mes bureaux de m'envoyer ici
Les lettres que j'attends et mes journaux aussi.
Allez.

ANTOINE.

J'y vais, monsieur.

MONVEL.

Revenez au plus vite.

SCÈNE IV.

MONVEL, CHARLES.

MONVEL.

Nous voici seuls, mon fils, souffrez que j'en profite :
Asseyons-nous ici.

CHARLES.

Mais quel air solennel !

(Ils s'asseyent.)

MONVEL.

Charles, vous comprendrez mon souci paternel,
Et vous approuverez le but auquel je vise
Et que je vais, mon fils, vous dire avec franchise...
Simple auditeur, déjà vous pensez parvenir ;
Mais votre avancement ne pourra s'obtenir
Des bureaux assiégés que par l'aide efficace
D'un protecteur faisant capituler la place.
Or, un député seul est, par le temps qui court,
Le demandeur pour qui l'on ne fut jamais sourd.
Partant de là, je dis qu'il faut près de Grainville
Chercher le protecteur qui peut vous être utile,

Puisque déjà, certain de la majorité,
Il sera dès demain l'élu de la cité.
O mon fils! profitons d'un moment favorable.
Si vous saviez combien mon sort est déplorable!
Sujet toujours tremblant sous un maître incertain,
Je suis Préfet ce soir, le serai-je demain?
Car en vain un Préfet a fatigué son zèle,
Hélas! au moindre échec tout son crédit chancèle.
Le malheur à sa faute est vite attribué,
Et bientôt le voilà flétri, destitué.
Du député futur vous connaissez la fille,
Et, si d'un peu d'éclat mon étoile encor brille,
J'en voudrais profiter en obtenant pour vous,
Contre un bon protecteur, l'heureux titre d'époux.

CHARLES.

Dans vos soins paternels rempli de confiance,
Je m'en remets, mon père, à votre expérience
Ainsi, faites, tranchez, j'accepterai tout net
Et la femme et la dot, doux fruits de ce projet.

MONVEL.

Allez donc, mon cher fils, saluer Eugénie,
Et qu'à gagner son cœur votre esprit s'ingénie.

CHARLES.

Ah! j'y cours.

(Il sort; les invités arrivent, le Préfet va au-devant d'eux.)

SCÈNE V.

MONVEL, UN GROUPE D'INVITÉS PARMI LESQUELS DUMAS.

(Après un échange de politesses.)

MONVEL.

Oui, messieurs, pour notre ami Grainville
Je demande bien haut les votes de la ville.
Ce choix, qui charmerait notre gouvernement,
Serait très-fructueux pour le département;

Car, de Grainville étant l'ami du Ministère,
Celui-ci chercherait constamment à lui plaire.
Vous faudrait-il un pont, une route de plus,
Un rail-way? vous n'auriez à craindre aucun refus.
Mais demain, j'en suis sûr, d'un accord unanime
Vous lui prouverez tous jusqu'où va votre estime
Que chez monsieur Francœur vous avez laissé voir.
Toutefois, consultez avant tout le devoir :
Vous avez un mandat d'une grandeur immense,
Et chacun doit voter avec indépendance.
Pardon! je reste encor.

(Il fait signe à Dumas de rester; les invités passent dans d'autres salons.)

SCÈNE VI.

MONVEL, DUMAS.

MONVEL.

L'affaire est en bon train :
De Grainville est bien sûr d'être nommé demain.

DUMAS.

J'en suis charmé pour lui.

MONVEL.

Comment donc! mais j'espère
Qu'à notre candidat vous n'êtes point contraire.

DUMAS.

Entre nous, je pensais appuyer Florimond.

MONVEL.

Qui? vous, chef de bureau! vous! Ceci me confond,
Car enfin le Ministre a désigné Grainville.

DUMAS.

Sur un pareil chapitre on peut être indocile.

MONVEL.

La maxime est nouvelle, et votre avancement...

DUMAS.

En faveur du devoir je l'oublie un moment.

MONVEL.

De grace, veuillez prendre un ton moins romanesque.
(A part.)
Dumas serait-il fou? Ma foi! je le crois presque.

DUMAS.

Je prends au sérieux le beau mot de devoir,
Et vous vous en plaignez!

MONVEL.

Je ne puis concevoir
Une aberration jusqu'ici sans exemple.
Eh quoi! c'est vous, monsieur, que la cité contemple,
Qui vous feriez hostile à notre candidat!
Ah! nous saurions sévir contre un tel attentat.

DUMAS.

Ne dois-je point voter avec indépendance?

MONVEL.

Votre premier devoir est dans l'obéissance;
Le Ministre vous paie.

DUMAS.

Est-ce de son argent?

MONVEL.

Il a pourtant le droit, monsieur, d'être exigeant.

DUMAS.

D'où ce droit lui vient-il?

MONVEL.

Le pouvoir vous tolère.

DUMAS.

L'employé le plus humble a des droits qu'il vénère.

MONVEL.

Vous, si bien appointé!

DUMAS.

Je travaille en retour,
Et suis envers l'État libéré jour par jour.

MONVEL.

C'en est trop à la fin, et, pour rompre la glace,
Vous pourriez bien, Dumas, y perdre votre place.

DUMAS.

Mais fort heureusement je saurais m'en passer :
Un oncle a bien voulu depuis peu me laisser
L'inespéré bonheur d'une grande fortune,
Et, surchargé de soins dont le poids m'importune,
J'en livre l'existence à votre volonté;
Mais souffrez qu'aujourd'hui je vote en liberté.

(Il salue et sort.)

SCÈNE VII.

MONVEL *(seul)*.

Puisque le châtiment serait inefficace,
Laissons en paix Dumas aussi bien que sa place.
Maintenant...

SCÈNE VIII.

MONVEL, DE GRAINVILLE.

DE GRAINVILLE.

Cher Préfet, quoi! vous étiez ici!
Et seul dans ce salon on vous laissait ainsi!
Mais que ne veniez-vous?...

MONVEL.

J'arrive à l'instant même.

DE GRAINVILLE.

De causer avec vous mon désir est extrême.
Vous connaissez déjà le bienheureux scrutin
Chez notre ami Francœur obtenu ce matin. .
Vingt voix pour Florimond, cent voix pour de Grainville,
A Durocher soixante; ainsi je suis tranquille :
Me voilà bien certain de la majorité

Et d'être dès demain proclamé député.
Reste à connaître encor le vœu de la campagne ;
Mais, grace aux sûrs effets d'un excellent champagne,
Je puis compter, je crois, sur ces bons électeurs,
De mes nouveaux lauriers heureux dispensateurs.

MONVEL.

Vous voilà député.

DE GRAINVILLE.

Non seulement j'y compte,
Mais je rêve encor plus.

MONVEL.

L'ambition est prompte!

DE GRAINVILLE.

A de nobles destins je dois être élevé.

MONVEL.

Mais ce subit espoir peut vous être enlevé.

DE GRAINVILLE.

Non, je serai Ministre.

MONVEL.

Allons, restez modeste :
Le sort vous rit, sans trouble attendez pour le reste.

DE GRAINVILLE.

Laissez à mon espoir savourer des trésors.

MONVEL.

On a, pour vous servir, prodigué les efforts,
Promis, flatté, tout fait, en cette conjoncture.
Du moins, dans le succès, gardez quelque mesure.

DE GRAINVILLE.

Oh ! je voulais ainsi m'égayer un moment.

MONVEL.

Et moi, pour badiner, je parle également.
Mais, en changeant de ton, souffrez que je vous fasse
Une ouverture où seul le cœur a quelque place.
Vous avez une enfant, et, sans plus de discours,

C'est elle à qui mon fils voudrait unir ses jours.

DE GRAINVILLE (*embarrassé*).

Votre offre est à mes yeux tout-à-fait honorable
Et sans doute je dois m'y montrer favorable;
Mais ma fille est bien jeune, et d'ailleurs je voudrais
Voir éclore, avant tout, ses sentiments secrets.
Ainsi, sachez souffrir l'ennui d'un peu d'attente.

MONVEL.

J'ai compris la réponse et mon cœur s'en contente;
Mais cependant peut-être ai-je parlé trop tard,
Et ce matin eussé-je obtenu plus d'égard.

DE GRAINVILLE.

Vous me faites ainsi la plus cruelle injure.

MONVEL.

Moi qui servais si bien votre candidature!

DE GRAINVILLE.

Mais vous obéissiez à vos instructions.

MONVEL.

On se trompait, je crois, sur vos intentions.

DE GRAINVILLE.

Ne fus-je pas toujours l'ami du Ministère?

MONVEL.

Vous faisiez tout à l'heure un vœu bien téméraire
Que vous pourriez peut-être...

DE GRAINVILLE.

On me menace en vain.

MONVEL.

Vous n'êtes point nommé.

DE GRAINVILLE.

Je le serai demain.
Allons, mon cher Préfet, calmez-vous, je vous prie.
En me comprenant mal votre cœur m'injurie.
Croyez-le, j'emploîrai ce que j'ai d'ascendant
A décider ma fille à s'unir... Cependant

Je ne saurais user d'un pouvoir tyrannique.

MONVEL.

Un ton si bienveillant n'attend pas de réplique.
Permettez donc, monsieur, que, rejoignant mon fils,
Je m'applique un instant à calmer mes esprits.

(Il salue et passe dans le salon.)

SCÈNE IX.

DE GRAINVILLE *(seul)*.

Oh! je viens, j'en suis sûr, de commettre une faute.
Quoi! j'obtenais la chance et mon orgueil me l'ôte!
J'aurais dû...

SCÈNE X.

DE GRAINVILLE, FRANCOEUR.

FRANCOEUR.

Me voici.

DE GRAINVILLE.

C'est vous, mon cher Francœur?
Combien j'ai de plaisir à vous ouvrir mon cœur!
Car il est tout rempli d'un avenir immense;
Mais vos bons procédés auront leur récompense,
Et si le sort un jour sert mon ambition,
Les faits pourront répondre à mon intention.

FRANCOEUR.

Gardez-vous, mon ami, d'un espoir chimérique
Et songez seulement à la chose publique.
Si je vous ai servi, je n'ai jamais voulu
Que donner à l'État un soldat résolu.

DE GRAINVILLE.

C'est pour le mieux servir que je voudrais peut-être
Au faîte des grandeurs quelque jour apparaître.

FRANCOEUR.

Faites taire un instant ces pensers personnels
Et revenons ensemble à des soins paternels.
Florimond...

DE GRAINVILLE *(l'interrompant).*

Là-dessus je ne veux rien entendre,
Et mon refus formel est facile à comprendre.
Ce Florimond, qu'est-il ? un bourgeois campagnard
Qui, pour être agréé, s'est présenté trop tard.
Son nom...

SCÈNE XI.

LES PRÉCÉDENTS, UN DOMESTIQUE.

LE DOMESTIQUE.

C'est le journal.

(Il sort.)

SCÈNE XII.

FRANCOEUR, DE GRAINVILLE.

DE GRAINVILLE.

Voulez-vous me permettre?

FRANCOEUR *(à part).*

Le ton qu'il prend déjà doit beaucoup nous promettre.

DE GRAINVILLE *(à part).*

Ah! mon Dieu, le journal qui soutient Durocher!
Comment à cette cause a-t-il pu s'attacher?

FRANCOEUR *(à part.)*

Je puis m'être trompé sur cet homme...

DE GRAINVILLE *(à part.)*

Ah! je pense
Qu'un emploi du journal sera la récompense.
Son concours chaleureux m'avait été promis
A ce prix-là ; Francœur, qui s'est vite entremis,
M'a sottement contraint au refus d'une place.

FRANCOEUR (*à part*).

Il semble bien ému.

DE GRAINVILLE (*à part*).

Que faut-il que je fasse?

FRANCOEUR.

Quel contre-temps vient donc agiter votre cœur?

DE GRAINVILLE.

Quel tort vous m'avez fait, trop rigoureux Francœur!

FRANCOEUR.

Moi!

DE GRAINVILLE.

Voyez ce journal.

FRANCOEUR.

Eh bien?

DE GRAINVILLE.

Il m'est contraire.

FRANCOEUR.

A ce léger malheur que voudriez-vous faire?
On juge par soi-même et non par son journal.

DE GRAINVILLE.

Hélas! le journalisme est sur un piédestal,
Et si les rois s'en vont, quelques faux dieux demeurent.
Que de noms sous leurs coups qui pâlissent ou meurent!

FRANCOEUR.

Qu'un public ignorant soit trompé, j'en conviens;
Mais ici que peut-on sur vos concitoyens?

DE GRAINVILLE.

Oh! je veux m'efforcer de conjurer l'orage.

FRANCOEUR.

Demeurez en repos.

DE GRAINVILLE.

Agir est bien plus sage.

FRANCOEUR.

Que ferez-vous?

DE GRAINVILLE.

J'irai trouver le rédacteur,
Et, près de lui m'offrant en zélé protecteur,
J'en obtiendrai bientôt qu'un erratum propice
Me rouvre avec éclat les abords de la lice.

FRANCOEUR.

Eh bien! allez.

DE GRAINVILLE.

J'y cours.

FRANCOEUR *(avec ironie)*.

Ne perdez pas de temps.

DE GRAINVILLE.

J'espère en quelques mots vider nos différends.

SCÈNE XIII.

FRANCOEUR *(seul)*.

A chaque instant cet homme à mes yeux se décèle,
Et je sens malgré moi se refroidir mon zèle.

SCÈNE XIV.

FRANCOEUR, DESJOYAUX, FLORIMOND.

(Ils entrent sans voir Francœur qui bientôt les écoute.)

DESJOYAUX.

Monsieur, j'ai quinze voix dont je puis disposer
Et je me suis promis de vous les proposer.
Je vous tiens pour doué d'un noble caractère,
Et voilà franchement pourquoi je vous préfère.
Je sais que ce matin, dans un premier combat,
Vous n'avez obtenu qn'un fâcheux résultat;
Mais, grace au complément des voix que je propose,
Vous pourriez, j'en suis sûr, obtenir gain de cause.
Déjà depuis douze ans cesdites quinze voix,
Se basant sur la mienne, ont voté maintes fois,

Et maintes fois aussi, combattant avec gloire,
Au gré de mes désirs ont fixé la victoire;
Et même on nous a vus, prompts à virer de bords,
Aux camps les plus divers consacrer nos efforts.
Mais sachez le dessein que j'ai mis dans ma tête,
Et vous serez charmé d'appuyer ma requête :
Je voudrais obtenir, comme électeur marquant,
Un excellent emploi que je connais vacant.
On m'a long-temps cité pour mon libéralisme,
Et j'ai sans doute encore un très-ardent civisme.
Mais on peut bien, sans nuire aux vœux de son pays,
Des efforts qu'on a faits solliciter le prix.
Un député peut tout sur le cœur d'un Ministre
Et son moindre désir à l'instant s'enregistre.
Ainsi, mon cher monsieur, je m'engage avec vous
A défendre vos droits envers et contre tous
Et par mes quinze voix à servir votre cause,
Si je dois à mon tour... Acceptez-vous la clause?

FLORIMOND.

Je vous sais gré, monsieur, de cet empressement;
Mais ici je ne puis hésiter un moment.
Si quelque jour je dois paraître à l'assemblée,
Ma conduite y sera sur mon devoir réglée.
On m'y verra combattre et non pas mendier,
Contrôler le Ministre et non pas le prier.
Les besoins du pays m'occuperont sans cesse,
Car tout autre sujet n'a rien qui m'intéresse,
Et ces soins rigoureux, dont je fais l'abrégé,
M'interdisent ici d'être votre obligé.

DESJOYAUX.

Un rigorisme étroit n'est pas toujours habile,
Mes quinze voix seront pour monsieur de Grainville.

FLORIMOND.

Disposez de vos voix, je les regrette peu;

Je connais mes devoirs et n'en fais point un jeu.

DESJOYAUX.

Ce refus doit pour vous redoubler mon estime;
Mais je tiens à mon plan, et crois pouvoir sans crime
Des voix de mes amis disposer aujourd'hui
Pour avoir en échange un vigoureux appui.

(Il salue et se retire.)

SCÈNE XV.

FRANCOEUR, FLORIMOND.

FRANCOEUR *(à part)*.

Il en est encor temps, agissons, et j'espère
Offrir à mon pays ce noble caractère.

FLORIMOND.

C'est vous? Ah! j'en suis sûr, vous allez m'approuver.

FRANCOEUR.

Je sors et vais chez moi, venez m'y retrouver.

FLORIMOND.

J'y suis dans un quart d'heure.

FRANCOEUR.

Adieu, prenez courage.

SCÈNE XVI.

FLORIMOND *(seul)*.

Ah! demeurer obscur eût été bien plus sage.

(Il s'assied et se met à rêver.)

SCÈNE XVII.

EUGÉNIE, FLORIMOND.

EUGÉNIE *(sortant d'un salon voisin)*.

Qu'avez-vous, mon ami?

FLORIMOND.

Je pense à l'avenir,
J'ai blessé votre père.

EUGÉNIE.

Il pourra revenir.

FLORIMOND.

J'ai trop cédé sans doute à l'ardeur qui m'anime.

EUGÉNIE.

Agir différemment eût été presque un crime.
Briguez jusqu'à la fin le plus insigne honneur :
Le mériter, déjà c'est mériter mon cœur.
Si vous tombez, qu'importe? En vain je vois mon père
Sur nos projets brisés exercer sa colère :
Que pourra-t-il changer au choix de mon époux,
Quand mon cœur et ma voix n'accepteront que vous?

FLORIMOND.

En faisant mon devoir j'exciterai sa haine;
Mais j'y souscris d'avance et votre ardeur m'entraîne.
Pour vous mieux mériter, je me résigne à tout,
Et je veux sans faiblir combattre jusqu'au bout.
Francœur semble...

EUGÉNIE.

Écoutons... c'est mon père... ah! je pense
Qu'il peut vous convenir d'éviter sa présence.
Je vous retrouverai.

FLORIMOND.

Je dois vous obéir.

(Il passe dans un autre salon.)

SCÈNE XVIII.

EUGÉNIE, DE GRAINVILLE, MADAME FINET.

(Profonds saluts d'Eugénie et de Mme Finet.)

DE GRAINVILLE.

Ah! maudit journaliste, à ce point me trahir!
Ma fille, laissez-nous.

(Eugénie se retire.)

SCÈNE XIX.

DE GRAINVILLE, MADAME FINET.

DE GRAINVILLE.

Asseyons-nous, madame;
J'éprouve le besoin de vous ouvrir mon ame.

MADAME FINET.

Quoi! monsieur, contre vous il se montre acharné!

DE GRAINVILLE.

J'ai fait de longs efforts, rien ne l'a ramené.
Le journaliste, au nom de son indépendance,
A choisi le chemin qu'indiquait la prudence :
N'attendant plus de moi ce que j'ai refusé,
D'un beau feu pour un autre il se montre embrasé,
Et la cause nouvelle est à ses yeux si sûre
Qu'on le voit s'empresser de combler la mesure.

MADAME FINET.

Eh bien! n'avez-vous pas votre ami le Préfet?
N'avez-vous pas aussi...

DE GRAINVILLE.

Qui donc?

MADAME FINET.

Monsieur Finet,
Et les efforts constants de votre humble servante?

DE GRAINVILLE.

Nul n'a de bons amis plus que moi, je m'en vante;
Mais déjà le Préfet veut quitter mon drapeau,
Par ma faute, et peut-être il en cherche un nouveau.

MADAME FINET.

Il faut absolument le rendre à votre cause.
Voyez-le promptement : demain, je le suppose,
De nombreux électeurs iront auprès de lui
Pour leur foi vacillante emprunter un appui.

DE GRAINVILLE.

Oui, je prendrai sur moi de flatter sa manie.

MADAME FINET.

C'est une question ou de mort ou de vie.
Maintenant apprenez que mon ardent époux
Sans perdre un seul instant s'est embarqué pour vous.

DE GRAINVILLE.

Bien.

MADAME FINET.

Selon nos accords, l'aubergiste Bonhomme
Nous avait délivré, sans songer à la somme,
Les vins les plus exquis et les mets les plus fins,
Et nos dix omnibus en étaient presque pleins.

SCÈNE XX.

LES PRÉCÉDENTS, PLUSIEURS INVITÉS.

UN INVITÉ.

Il fait dans ces salons une chaleur brûlante.

UN AUTRE.

Messieurs, jouons ici.

UN AUTRE.

L'idée est excellente.

(Ils se mettent à jouer sans prendre garde à de Grainville et à Mme Finet, qui sont sur le devant de la scène.)

DE GRAINVILLE (*à mi-voix*).

A votre tour, sachez que par précaution
(Et vous applaudirez à cette invention)
J'ai d'un très-bon dîner chargé notre aubergiste,
Qui toujours en mettra le montant sur la liste
Des frais électoraux regardant le Préfet,
De sorte que demain, quand notre ami Finet
Paraîtra conduisant sa phalange guerrière,
Au banquet il pourra la mener tout entière.

UN JOUEUR.

La vole ! atout trois fois... dame et roi de carreau.

SCÈNE XXI.

LES PRÉCÉDENTS, CHARLES.

(Il sort du salon de Grainville.)

CHARLES (*à lui-même*).

Je crois que nos projets s'en iront à vau-l'eau.

MADAME FINET (*à de Grainville*).

C'est fort bien entendu.

CHARLES.

Je vais, loin de mon père,
Par le jeu revenir à mon vrai caractère.

UN JOUEUR.

Il faut encor vingt francs.

CHARLES.

Les voici.

LE JOUEUR.

C'est très-bien.

DE GRAINVILLE.

Madame, j'oubliais dans un doux entretien
Que déjà l'on a pu remarquer mon absence
Et qu'en outre on attend votre aimable présence.

MADAME FINET.

Que vous êtes galant ! Allons, mais apprenez
Que je ne puis rester qu'un moment.

DE GRAINVILLE.

Bien, venez.

(Ils sortent.)

SCÈNE XXII.

CHARLES, LES JOUEURS, UN DOMESTIQUE QUI APPORTE DU PUNCH.

CHARLES (*jouant*).

Toujours des rois en main! le sort m'est favorable.

UN JOUEUR.

Je perds cent francs.

LE DOMESTIQUE.

Messieurs, du punch.

LE MÊME JOUEUR.

Le sort m'accable.

(Les joueurs prennent du punch.)

SCÈNE XXIII.

LES PRÉCÉDENTS, MONVEL, ANTOINE.

(Monvel revient du salon voisin, puis Antoine apportant des dépêches.)

MONVEL.

Quoi! monsieur le joueur, je vous retrouve ici!

CHARLES.

Je venais...

MONVEL.

Pouvez-vous perdre le temps ainsi?
Pendant que vous étiez à jouer, bien tranquille,
Pensif je vous cherchais, quand j'ai trouvé Grainville
Qui m'a dit sur-le-champ, en me serrant la main :
Je veux que votre fils soit mon gendre demain.
Allez donc de ce pas retrouver Eugénie.

CHARLES.

(A part.)

Oui, sans tarder, mon père. Ah! quelle tyrannie!

ANTOINE.

Vos dépêches, monsieur.

(Monvel les prend.)

CHARLES (*à part*).

Bien, je retourne au jeu.
Être enchaîné si tôt me réjouit très-peu.

UN JOUEUR (*à Charles*).

C'est à vous de passer.

(Charles se met au jeu.)

MONVEL (*lisant et à part*).

Oh! l'étrange nouvelle!
Avant la session le Cabinet chancelle :
Il sera, m'écrit-on, avant peu remplacé
Par un autre Conseil beaucoup plus avancé,
Car l'esprit de progrès, par une heureuse audace,
De l'esprit rétrograde a su prendre la place,
Véritable interrègne où, sur l'élection,
Je me trouve privé de toute instruction.

(Il lit.)

Passons à cette lettre. Allons, une autre affaire!
J'apprends que la campagne à Grainville est contraire,
Et que cent électeurs, qu'on est allé chercher,
Tout d'une voix demain porteront Durocher.
C'est tant mieux si bientôt l'ancien Conseil succombe,
Mais c'est tant pis, ma foi! si c'est l'autre qui tombe.
Jusqu'à nouveau courrier ne nous engageons pas,
Et, plus froid maintenant, n'allons que pas à pas.
Mon fils?

CHARLES (*quittant le jeu*).

Oui, c'est fini, je cours vers Eugénie.

(Les autres joueurs se lèvent bientôt aussi et passent dans un autre salon.)

MONVEL.

Non, vous pouvez rester, votre cour est finie.

CHARLES (*à part*).

D'où vient ce changement?

MONVEL (*à part*).

Je crois qu'il serait bien
D'éviter à présent tout nouvel entretien.
(Haut.)
Ainsi, partons, mon fils.

CHARLES.

Mais...

SCÈNE XXIV.

LES PRÉCÉDENTS, GRAINVILLE, MADAME FINET.

DE GRAINVILLE.

Quoi! déjà, madame!
Un départ aussi prompt m'attriste au fond de l'ame.

MADAME FINET.

Mais c'est pour vous servir.

DE GRAINVILLE.

Ah! monsieur le Préfet!
(Le prenant par la main.)
Souffrez que je présente à madame Finet
Mon allié futur, celui dont ma famille
Doit adopter le fils en lui donnant ma fille.
Cet aimable lien va bientôt resserrer
Une amitié que rien ne doit plus altérer.
Et vous, mon cher Monvel, contemplez en madame
Une sincère amie et la plus noble femme :
Son époux aujourd'hui pour moi s'est embarqué,
Et demain nous verrons, par ses soins remorqué,
Un brillant bataillon d'électeurs pleins de zèle
Venir prouver au Roi leur dévoûment fidèle
En couronnant le nom de votre heureux élu.

MONVEL.

Prendre ce ton plus tôt eût beaucoup mieux valu.
On vous a vu plus froid, si j'ai bonne mémoire.
Je ne vous en veux point pourtant, veuillez le croire ;
Mais il convient, monsieur, d'être un peu mesuré.
Les choses ne vont pas toujours à notre gré :
Tel pense agir pour soi, qui combat pour un autre.
L'ami de nos amis n'est pas toujours le nôtre.
Exemple : les cent voix qu'on est allé chercher
Doivent, dit-on, demain voter pour Durocher.
En attendant, monsieur, montrons quelque prudence

Et n'affichons pas trop un bonheur qui commence.
Je vous dis tout ceci d'effusion de cœur,
Et je n'en suis pas moins votre humble serviteur.
Venez, mon fils.

(Ils saluent et sortent.)

SCÈNE XXV.

DE GRAINVILLE, MADAME FINET.

DE GRAINVILLE.

Eh bien! qu'en dites-vous, madame?

MADAME FINET.

Que tout ceci, monsieur, est sot autant qu'infame.
Je réponds de Finet, et d'ailleurs dès demain,
S'il nous avait trahis, il mourrait de ma main...
Qu'il me tarde, monsieur, de sonder sa conduite!
J'en attends un exprès; pardon si je vous quitte.

(De Grainville l'accompagne jusqu'à la porte.)

SCÈNE XXVI.

DE GRAINVILLE, DESJOYAUX.

(Desjoyaux sort de l'un des salons de Grainville.)

DESJOYAUX.

Monsieur, puis-je avec vous causer quelques instants?

DE GRAINVILLE.

Pardon, mais d'autres soins réclament tout mon temps.

DESJOYAUX.

Je voudrais...

DE GRAINVILLE *(faisant quelques pas pour sortir)*.

Je ne puis, d'importantes affaires...

DESJOYAUX *(le suivant)*.

Quelques mots cependant ne vous retiendraient guères.

DE GRAINVILLE *(avec impatience)*.

Mon Dieu...

DESJOYAUX.

De quinze voix je pourrais disposer.

DE GRAINVILLE (*changeant de ton*).

Ah! de grace, monsieur, veuillez vous reposer.

(Il avance un fauteuil.)

Mettez-vous, s'il vous plaît.

(Tout deux s'asseyent.)

DESJOYAUX.

J'ai pensé que peut-être...

DE GRAINVILLE.

Puis-je avoir avant tout l'honneur de vous connaître?

DESJOYAUX.

Mon nom est Desjoyaux.

DE GRAINVILLE.

Ah! je vous reconnais :
Riche célibataire.

DESJOYAUX.

Oui, monsieur, je venais...

DE GRAINVILLE (*l'interrompant*).

Je comprends... vous venez, par excès de prudence,
Raisonner avec moi de mon indépendance;
Car, ayant entendu mes discours chaleureux,
Vous leur donnez sans doute un sens trop rigoureux.
Oh! je sais que chez vous, excellent patriote,
Constamment le civisme a décidé le vote;
Mais si des lois je suis le zélé partisan,
Je n'eus pourtant jamais le cœur d'un courtisan.
Je veux, ainsi que vous, une liberté vraie,
Sans qu'un peu de licence à chaque instant m'effraie.
Eh! peut-on désirer un éternel repos!
Une paix trop constante est lourde à des héros.
C'est là mon sentiment, et je serais fort aise
Qu'on tînt compte un peu plus de la fierté française.

DESJOYAUX (*à part*).

Un changement si prompt me paraît un peu fort!

(A Grainville.)

Je vais donc maintenant, pour sceller notre accord,

Vous offrir quinze voix dont j'ai la jouissance;
Ce sont des voix d'amis, de parents, et je pense
Qu'il peut vous convenir d'en accepter le don.

DE GRAINVILLE.

Sans doute, il me convient... et vous êtes trop bon.

DESJOYAUX.

J'avoûrai maintenant que tout bas je désire
Certain emploi vacant... Ceci doit vous suffire.

DE GRAINVILLE.

Je vous comprends, monsieur, et pour vous parler net...
Mais ici l'on est mal, et dans mon cabinet
Je veux vous témoigner, en traitant cette affaire,
Que tout bon procédé mérite son salaire.

(Ils sortent.)

FIN DU TROISIÈME ACTE.

Acte Quatrième.

La scène est sur la place publique, comme au premier acte.

SCÈNE PREMIÈRE.

DUROCHER, SES COMMIS.

DUROCHER *(aux commis rangés en bataille).*

Messieurs, soyez prudents, montrez-vous attentifs.
J'ai, pour parler ainsi, les plus puissants motifs.
Sachez vous amoindrir pour ne gêner personne :
C'est moi qui vous en prie; au besoin, je l'ordonne.
La rue est-elle à nous, messieurs? Je réponds oui...
C'est non que je veux dire, et je sens aujourd'hui
Par l'excès des tracas ma tête embarrassée.
Que ma candidature, en tous lieux annoncée,
Par mille efforts divers obtienne un plein succès.
Montrez-vous donc polis et doux jusqu'à l'excès,
Et si quelque électeur, égaré dans sa route,
S'adresse à vous, alors, quelque argent qu'il en coûte,
Par le moyen puissant d'un vin délicieux,
Ouvrez sur mes talents son esprit et ses yeux.
Je vous ai, dans ce but, envoyé cent bouteilles
D'un bordeaux de quinze ans qui fera des merveilles.
J'ai fini. Si pour vous je fus bon constamment,
Votre zèle en retour va m'aider un moment,
Et chacun m'assistant de son aide efficace
Acquittera sa dette, ou sinon je le chasse.

TOUS LES COMMIS.

Oui, monsieur.

(Ils sortent.)

5.

SCÈNE II.

DUROCHER *(seul).*

Maintenant je vais voir de ce pas
Si notre ami Finet enfin n'arrive pas.

SCÈNE III.

DUROCHER, MONVEL.

MONVEL.

Parlons à Durocher, et, sans rompre la glace,
Préparons-nous à faire avec lui volte-face.
(A Durocher qu'il rencontre.)
Excusez-moi, monsieur, je viens vous déranger.

DUROCHER.

Un tel dérangement me semble bien léger,
Ou plutôt je le tiens à faveur très-flatteuse.

MONVEL.

L'élection encore est tout-à-fait douteuse,
Et je viens, moi préfet, en causer avec vous.

DUROCHER.

Monsieur, je vous rends grace, et puis dire entre nous
Que cet insigne honneur dépasse mon attente.
Combien j'en convoitais la faveur éclatante!
Mais, par grace, monsieur, veuillez entrer chez moi.

MONVEL.

Non, car causer ici convient mieux, je le croi;
Et c'est un cas fortuit sans nulle conséquence...
En dépit des efforts d'une froide éloquence,
Tout bien jugé, Grainville est un mince sujet.
J'en suis arrivé même à vouloir le rejet
De sa candidature, et je vais jusqu'à dire
Que la vôtre à présent pourrait bien nous sourire.

DUROCHER.

Monsieur, si je devais obtenir votre appui,

Combien l'on me verrait orgueilleux aujourd'hui !
Ah ! croyez bien, monsieur, que souvent l'on se pare
D'un rigorisme étroit, dont l'on serait avare
Si, devenu par vous l'élu de la cité,
L'on passait du roman à la réalité.
Et, d'abord, qui ne sait que l'ordre est nécessaire ?
Sans un ordre parfait, qu'organiser, que faire ?
Il faut donc se servir de rigoureuses lois,
Et, pour sauver l'État, l'enchaîner quelquefois.
Puis, que je hais ces gens d'une humeur si sévère
Qui, pour le moindre affront, osent parler de guerre,
Et, nous offrant l'appât d'un périlleux effort,
Viennent mettre la honte au-dessous de la mort !
Le pouvoir, dans sa marche avec art progressive,
Doit savoir modérer toute ardeur trop active,
Apaiser les esprits comme adoucir les cœurs,
Et remplir ses devoirs en dépit des clameurs.
Voilà quelle est, monsieur, en tous points ma pensée,
Qui, plus tôt exprimée, eût été déplacée.

MONVEL *(à part)*.

Cet homme est un Janus, mais il peut convenir
Au cas fort embrouillé d'un douteux avenir,
Car, tantôt pour la paix et tantôt pour la guerre,
Il changera d'habit selon le ministère.

(A Durocher.)

Ces principes, monsieur, vous font beaucoup d'honneur
Et pour l'élection vous porteront bonheur.
Si j'en avais le temps, je donnerais bien vite
Un bal aux électeurs dont la sagesse hésite.
J'offrirais et bons vins et mets délicieux.
De cent façons, pour vous, j'éblouirais les yeux.
Le courtier, le marchand, dont tout bas je me moque,
Y laisseraient bientôt leur ferveur équivoque ;
Bientôt on les verrait amollis, convaincus,

En vous donnant leurs voix, se déclarer vaincus.
Mais, hélas ! c'est trop tard. Malgré cela, je pense
Vous prêter un appui de certaine importance ;
Je vais donc de ce pas endoctriner mes gens.
Vous, monsieur, pour agir ne perdez pas de temps.

DUROCHER.

Si par vos soins bientôt je vais à l'assemblée,
Quoi que vous demandiez, vous l'obtiendrez d'emblée :
La menace à la bouche, une boule à la main,
Je saurai des faveurs élargir le chemin...

MONVEL.

Maintenant, mon ami, souffrez que je vous quitte.

DUROCHER.

Ah ! monsieur le Préfet!

MONVEL.

Il le faut.

DUROCHER.

C'est bien vite.

(Il accompagne le Préfet jusqu'à la coulisse, puis revient et se met à examiner ses ballots.)

SCÈNE IV.

DUROCHER (*seul*).

J'entrevois maintenant le plus bel avenir.
Mais que devient Finet ? Qu'il tarde à revenir !

SCÈNE V.

DUROCHER, ALFRED, RAYMOND.

(Alfred et Raymond entrent sans voir Durocher, qui bientôt, reconnaissant la voix de son neveu, se met à écouter.)

ALFRED.

Oui, monsieur, Florimond, sûr, honnête, équitable,
A tous ses concurrents me semble préférable.

RAYMOND.

Durocher est du nombre, et c'est vous, son neveu,
C'est vous qui de ses droits vous souciez si peu!

ALFRED.

Quand on vient demander mon avis, je le donne.

RAYMOND.

A votre jugement mon esprit s'abandonne;
Mais veuillez cependant m'éclairer dans mon choix.
Qui veut trop se hâter, se repent quelquefois.

ALFRED.

Eh! ne voyez vous pas que mon oncle et Grainville
N'ont qu'un zèle affecté, qu'une foi versatile?
Pénétrez dans leurs cœurs : vous y pourrez trouver
L'intérêt personnel, l'ardeur de s'élever.
L'un rêve un riche emploi, l'autre rêve pairie;
Mais nul de ces messieurs ne songe à la patrie.
En vain le rigorisme est par eux affiché,
Le Ministre en aura constamment bon marché;
Et, malgré leurs discours de députés austères,
Ces messieurs n'auront fait que leurs propres affaires.
Florimond, au contraire, ou je suis bien trompé,
Du bonheur général sera tout occupé.
Notre prospérité, le soin de notre gloire,
Quelques nobles feuillets à joindre à notre histoire,
Faire écouter partout le cri de notre honneur,
Voilà les seuls soucis qui rempliront son cœur.
Il pourra se tromper, c'est la dette commune;
Mais son propre intérêt, le soin de sa fortune,
Ne viendront point un jour l'arracher au devoir.
Si vous songez au vôtre, eh bien! faites-le voir.

(Pendant toute cette tirade, Durocher a fait des gestes d'impatience et de colère.)

RAYMOND.

Alfred, vous l'emportez. Adieu donc; je m'engage
A payer de mon vote un si noble langage.

(Il rentre chez lui.)

SCÈNE VI.

DUROCHER, ALFRED.

DUROCHER.

L'ai-je bien entendu?

ALFRED.

Quoi donc! vous m'écoutiez!

DUROCHER.

Oui, traître, j'écoutais pendant que vous parliez.
Pour prix de tant de soins donnés à votre enfance,
Vous faisiez contre moi briller votre éloquence :
Je suis un misérable, et c'est à mon rival
Qu'on accorde un appui solennel et loyal!
Infame, j'ai du moins le moyen en réserve
De payer tant d'éclat, d'acquitter tant de verve.
Mon cœur, mon triste cœur qu'on a si bien compris,
Dès long-temps en secret vous traitait comme un fils,
Et, vous enrichissant par un contrat en forme,
Vous préparait un sort qu'aujourd'hui je réforme.
Allez, mince avocat, vous ne m'êtes plus rien;
Allez, ingrat, un autre obtiendra tout mon bien;
Allez, et de Francœur sollicitez la fille.
Pour moi, je vous maudis, vous et votre famille.

ALFRED.

Ah! daignez m'écouter. Je vous semble un ingrat;
Je vous chéris pourtant...

DUROCHER.

Tu le dis, scélérat!

ALFRED.

Et, tout en admettant vos vertus domestiques,
J'ai quelque peine à croire à vos vertus civiques.
Tel qu'un sévère honneur a distingué parfois,
Un beau jour député, fait argent de sa voix,
Et, le cœur tout rempli d'une vertu facile,

S'applaudit en secret de cette action vile.
En trompant le pays on croit ne pas tromper,
Et, plus tard, au remords on sait même échapper.
Chacun ment. Les efforts d'un éclatant civisme
Ne servent qu'à masquer un profond égoïsme.
Voilà les tristes mœurs qu'il nous faut réformer.
Ah! c'est le pays seul qu'il conviendrait d'aimer,
Et, sur de vils instincts remportant la victoire,
Il faudrait n'estimer que l'honneur et la gloire.

DUROCHER.

Oh! l'impudent neveu! pour se justifier
De propos que mon cœur ne saurait oublier,
D'un assommant sermon le faquin me régale!
Va donc à tes amis prodiguer ta morale;
Mais jamais, entends-tu? ne reviens devant moi.
Mon coffre et mon amour n'existent plus pour toi.

ALFRED.

Adieu, mon oncle, adieu. Plus tard, mon cœur l'espère,
Le vôtre aura regret de cet arrêt sévère.

(Il sort.)

SCÈNE VII.

DUROCHER *(seul)*.

A cet affront sanglant j'étais donc réservé!
O trop malheureux oncle! ô cœur trop éprouvé!

SCÈNE VIII.

DUROCHER, FINET.

(Finet arrive avec tout l'attirail du cavalier, grandes bottes, éperons, cravache, etc.)

FINET.

Aïe! ouf! je suis brisé. J'ai, pour votre service,
Fait, depuis ce matin, le plus rude exercice.

DUROCHER.

Mon pauvre ami Finet! Eh bien! ces électeurs?

FINET.

Ils sont là, brûlant tous des plus nobles ardeurs.
Dix omnibus en ont leur charge tout entière,
Et moi, rompu, meurtri, tout couvert de poussière,
Moi, poussant mon coursier qui sait les devancer,
J'accours avec orgueil et viens les annoncer.

DUROCHER.

Ont-ils pour moi fait voir un peu de bienveillance?

FINET.

Ils sont vaincus, vous dis-je, et grace à ma vaillance.
Oh! la noble victoire!... A porter Florimond
Plusieurs me paraissaient très-disposés au fond :
Il a dans le pays un bien considérable,
Et toujours s'est montré d'un esprit équitable.
Mais, en plaidant pour vous, j'ai fort adroitement
Juré que Florimond ne pensait nullement
A se faire nommer, et que vous et Grainville
Obtiendriez tout seuls les votes de la ville.
Grainville était commis aux soins du sous-préfet,
Qui s'agitait pour lui fortement. Qu'ai-je fait?
Je l'ai dépeint partout comme un aristocrate,
Et vous ai donné, vous, comme un vrai démocrate.
Puis, pour aller au cœur choisissant mes chemins,
J'ai partout prodigué nos mets et nos bons vins
Que j'assurais avoir apportés pour moi-même.
Oh! l'effet étonnant! l'enthousiasme extrême!
C'était à qui dès-lors vous chérirait le plus,
Et tous, le verre en main, célébraient vos vertus.

DUROCHER.

Merci cent fois, ô vous que j'aime et que j'estime!
Tant de zèle et d'efforts, c'est presque du sublime.
Mais bientôt le Ministre, intervenant pour moi,
Paira tous ces bons soins d'un magnifique emploi.

FINET.

En attendant, mon cher, voici votre phalange.
Avancez-vous, parlez et parlez comme un ange.

SCÈNE IX.

LES PRÉCÉDENTS, UN GRAND NOMBRE D'ÉLECTEURS.

DUROCHER *(aux électeurs)*.

Je rends grace au hasard qui, dirigeant mes pas,
Me procure un bonheur que je n'attendais pas.

FINET *(bas)*.

Leur parler de hasard, c'est une maladresse;
Je les ai prévenus : parlez donc sans finesse.

DUROCHER.

Messieurs les électeurs, je suis ce Durocher
Pour qui l'ami Finet vous est allé chercher.
Non pas qu'il fût besoin d'exciter votre zèle :
Votre cœur au pays peut-il être infidèle ?
Mais, messieurs, je voulais, dans ma loyale ardeur,
Mettre à nu devant vous mon ame avec candeur.
Un autre a mendié l'appui que je convoite;
Mais est-ce vous, messieurs, qu'un sous-préfet exploite ?
N'ai-je point constamment fait pour la liberté
Ce que fait mon rival contre l'égalité ?
S'il paraît les aimer toutes deux, c'est un piége.
Il n'a de zèle ardent que pour le privilége...

FINET *(bas)*.

Abrégez, ces messieurs n'ont pas encor dîné.

DUROCHER.

Ce but liberticide est déjà condamné.
Aidez donc avec force à ma candidature,
Et je ferai, messieurs, fleurir l'agriculture.
Vos routes, vos canaux, par moi bien appuyés,
Des deniers du trésor se trouveront payés,
Et, sans surcroît d'impôt, un surcroît de dépense

Viendra faire en tous lieux circuler l'abondance.

UN ÉLECTEUR.

Cet homme est bien habile.

AUTRE ÉLECTEUR.

Oh! que c'est bien parler!

DUROCHER.

Messieurs, il est un fait que je dois signaler.
Si sur mes droits loyaux il vous restait un doute,
Permettez qu'à ma voix une autre voix s'ajoute.
Qui de soi parle trop, ne saurait attacher.
J'ai besoin de secours, si je veux vous toucher.
Vous savez que jamais un journal ne se plonge
Dans la bourbe empestée où croupit le mensonge,
Qu'il sert par zèle pur et le prince et les lois,
Et que jamais le fiel n'empoisonna sa voix.
Eh bien! vous allez voir que, propice à ma cause,
Un journal au pays comme élu me propose.

(Durocher distribue les numéros du journal et Finet en fait autant en venant puiser dans les poches de Durocher.)

DUROCHER.

Sous mon drapeau, messieurs, vous plaît-il de marcher?

UN ÉLECTEUR.

Certainement.

UN AUTRE.

Sans doute.

UN AUTRE.

Oui.

PLUSIEURS.

Vive Durocher!

DUROCHER.

Je reçois donc, messieurs, avec reconnaisance
L'appui dont vous daignez m'accorder l'assurance.

FINET.

Tout est dit maintenant. Messieurs, allons dîner.

(A Durocher.)

Quelques paniers d'extra ne sauraient ruiner :
Il ne reste plus rien des bons vins de Grainville.

DUROCHER.

J'y pourvoirai, Finet.

FINET.

C'est un soin fort utile.

DUROCHER.

D'accord.

(Aux électeurs.)

Je suis, messieurs, votre humble serviteur.

FINET.

Une bouteille au moins par gosier d'électeur,
Et ce n'est pas le cas d'en calculer la somme.

DUROCHER.

Bien.

FINET.

Envoyez le tout chez notre ami Bonhomme.

DUROCHER *(à part)*.

Un tel métier bientôt nous rendrait indigent.
Oh ! que l'ambition nous coûte gros d'argent !

(Il sort.)

SCÈNE X.

FINET, LES ÉLECTEURS.

FINET.

Les dieux hospitaliers, après tant de fatigues,
Messieurs, à nous fêter vont se montrer prodigues.
C'est ici qu'est l'hôtel...

UN ÉLECTEUR.

Eh bien ! qu'a donc Finet ?

FINET *(à part)*.

Ah ! mon Dieu, c'est ma femme.

UN ÉLECTEUR.

Il s'interrompt tout net.

SCÈNE XI.

LES PRÉCÉDENTS, MADAME FINET.

MADAME FINET.

Vous voilà donc enfin, homme ingrat et perfide !
Vous me trompiez ainsi, vous qu'on croit si timide !
Comment! des électeurs que vous allez chercher
Vont, dans leur zèle impie, appuyer Durocher!
Indignement trahi, quoi! monsieur de Grainville
N'obtiendra, grace à vous, que les voix de la ville!
C'est de vous que lui vient un échec aussi fort,
(Secouant son mari.)
Traître! cette conduite est votre arrêt de mort.

FINET.

Doit-on, madame, ainsi croire à la calomnie?
Examinez les soins qui remplissaient ma vie.
On m'a vu constamment, soumis et tendre époux,
Humblement m'efforcer d'être digne de vous.
C'est à vous obéir que je mettais ma gloire,
Et, si vous conservez quelque peine à me croire,
Parlez à ces messieurs, et bientôt vous verrez
Que de voter pour vous ils sont très-honorés.

MADAME FINET.

Vous confondre à présent est, je crois, inutile;
Mais vous n'y perdrez rien.

SCÈNE XII.

LES PRÉCÉDENTS, DE GRAINVILLE.

MADAME FINET.

Ah ! monsieur de Grainville!
(Bas à de Grainville.)
Voici vos électeurs, hâtez-vous de parler.

FINET *(à part)*.

De quelque long discours il va nous régaler.

MADAME FINET.

C'est monsieur de Grainville, et votre humble servante,
Comme à de vrais amis, messieurs, vous le présente.

DE GRAINVILLE.

Messieurs, deux candidats sollicitent vos voix :
Je dis deux, cependant j'aurais pu dire trois ;
Mais deux ont seulement des chances en partage
Et peuvent espérer l'honneur d'un ballottage.
L'un des deux, appuyé par le gouvernement
(Et celui-là, messieurs, vous parle en ce moment),
Prisant à sa valeur une gloire éphémère,
Attend tout de la paix et craint tout de la guerre.
Ainsi que son rival, il veut la liberté;
Mais avant tout il vise à la prospérité,
Et, loin de lui chassant une vaine fumée,
Il place le bonheur avant la renommée.
L'autre attend du pays, qui peut être vaincu,
Et son dernier enfant et son dernier écu,
Et sur un coup de dé veut, dans son imprudence,
De l'État épuisé jouer l'indépendance.
Au meilleur citoyen prêts à donner vos voix,
Messieurs, entre nous deux veuillez donc faire un choix.

UN ÉLECTEUR.

Je vote pour la paix.

UN AUTRE.

Que gagner à la guerre?

UN AUTRE.

Oh! le bon député!

FINET.

Si sa bouche est sincère.

UN ÉLECTEUR.

Mais à quel point sur lui nous trompait le journal!

FINET *(à part)*.

Ils brillent tous les deux par un civisme égal.

DE GRAINVILLE.

J'aperçois dans vos mains une feuille indigeste.
A mes vœux aujourd'hui si sa voix est funeste,
Remontant à huit jours, et sans beaucoup chercher,
Nous la retrouverions contraire à Durocher.
J'en possède sur moi la preuve irrécusable
Et vous donne à juger son civisme intraitable.

(Il se met à distribuer aux électeurs des numéros du journal, et Mme Finot l'aide à vider ses poches.)

MADAME FINET.

Donnez, ce sont autant de votes emportés.

FINET.

Hélas! dans quel guêpier nous sommes-nous jetés!

MADAME FINET.

Allons, honneur et gloire à monsieur de Grainville!

DE GRAINVILLE.

Puis-je compter sur vous, messieurs?

PLUSIEURS ÉLECTEURS.

Soyez tranquille.

DE GRAINVILLE.

Grace à mes soins, bientôt un excellent dîner
Au repos d'un instant viendra vous condamner,
Et, sans vouloir vous rendre à mes vœux plus propices,
Avec bonheur j'en ai surveillé les services.
Les bons vins y seront sagement prodigués
Et rendront de la force à vos corps fatigués;
Le champagne y viendra jouer un certain rôle.
Enfin j'ai tout soumis au plus savant contrôle.
Mais, pour ne pas garder ce qui n'est pas à moi,
Et vous prouver, messieurs, quelle est ma bonne foi,
Je dois vous dire ici que c'est la Préfecture
Dont l'argent veut fêter en vous l'agriculture.
Je vous offre un dîner... qu'un autre acquittera.
J'y voudrais assister... mais mon cœur y sera.

FINET.

Messieurs, c'est toujours moi qui prétends vous conduire.

MADAME FINET.

Oh ! la loyale ardeur !

FINET.

Qu'y trouver à redire ?

DE GRAINVILLE (*à Mme Finet*).

Veuillez prendre mon bras.

(Aux électeurs.)

Messieurs, à vous revoir.

FINET (*aux électeurs*).

Dînons sans nous presser, nous voterons ce soir.

MADAME FINET (*à de Grainville*).

Tout se montre à présent sous un jour plus prospère.

(Ils sortent.)

SCÈNE XIII.

FINET, LES ÉLECTEURS, FLORIMOND.

FINET.

Enfin...

UN ÉLECTEUR.

Tiens! Florimond !

FINET.

Allons ! une autre affaire !

FLORIMOND.

Eh ! bonjour, mes amis.

UN ÉLECTEUR.

C'est notre cher cousin.

FLORIMOND.

Et vous venez voter ?

UN ÉLECTEUR.

Oui, monsieur.

UN AUTRE.

Oui, voisin.

FLORIMOND.

Enchanté de vous voir.

UN ÉLECTEUR.

Eh bien ! quelle nouvelle ?

FRANCOEUR.

Messieurs, permettez-moi d'éclairer votre zèle.

FINET.

Et de trois !

FRANCOEUR.

Florimond, poussé par ses amis,
Au rang des candidats s'est décidément mis.
Près de vous il n'a pu faire aucune démarche ;
Long-temps il hésita, mais maintenant il marche,
Et c'est moi qui, venant réformer votre choix,
Demande en sa faveur le bienfait de vos voix.
Je sais que ses rivaux, par de belles promesses,
Déjà versaient sur vous d'abondantes largesses ;
Qu'usurpant des pouvoirs qu'un député n'a pas,
Ils semaient hardiment des trésors sur vos pas,
Sauf, hélas! à bientôt oublier pour eux-mêmes
Les soins qu'eussent voulus ces mensonges suprêmes.
Mais, sans plus en parler, laissons ces charlatans,
Leur immense avenir et leurs dons éclatants.
Des biens qu'on peut promettre amoindrissant la somme,
Je prétends vous offrir du moins un honnête homme,
Sage, aimant ses devoirs, d'un esprit éclairé,
Mais qui ne saura pas tout changer à son gré.

UN ÉLECTEUR.

C'est très-bien.

FRANCOEUR.

Vous tenez une feuille où l'intrigue
Avait ourdi le nœud d'une puissante brigue;
Mais un brusque erratum, par mes soins obtenu,
Pour réparer le mal, est promptement venu.

Lisez, messieurs, lisez.

(Il distribue de nouveaux numéros du journal.)

UN ÉLECTEUR.

Oh! la feuille volage!

UN AUTRE.

A qui s'en rapporter?

FLORIMOND.

A soi ; c'est le plus sage.

UN ÉLECTEUR.

Mais en si peu de jours c'est trop de changements.

FINET *(à part, en désignant les électeurs).*

Ces messieurs font de même en beaucoup moins de temps.

FRANCOEUR.

Maintenant décidez si mon choix peut vous plaire.

UN ÉLECTEUR.

Cent fois oui.

UN ÉLECTEUR.

Florimond est juste notre affaire.

UN AUTRE.

Il mérite la palme.

UN AUTRE.

Et sans comparaison.

FINET *(à part).*

Le dernier qui leur parle est sûr d'avoir raison.

FLORIMOND.

Messieurs, veuillez donc croire à ma reconnaissance.
Je ferai de mon mieux, je le jure, et je pense,
Si votre bon vouloir produit tous ses effets,
Ne jamais vous donner de bien profonds regrets.

UN ÉLECTEUR.

C'est bien, comptez sur nous.

FLORIMOND.

Pardon si je vous quitte :

Quelques soins importants m'y condamnent trop vite ;
Mais nous nous reverrons.

UN ÉLECTEUR.

Faites sans vous gêner.

(Francœur et Florimond sortent.)

SCÈNE XIV.

FINET, LES ÉLECTEURS, PLUSIEURS GARÇONS AVEC DES PANIERS DE VIN, L'AUBERGISTE BONHOMME.

FINET.

Quels que soient les destins, allons toujours dîner.

UN GARÇON.

Messieurs, voici pour vous des paniers de champagne.

UN ÉLECTEUR.

La ville est maintenant un pays de cocagne.

FINET *(à part)*.

Ce pauvre Durocher aura fait pour autrui
Ce qu'à grand'peine encore il consentait pour lui.
(Aux électeurs.)
Je sais de quelle part. C'est toujours bon à prendre.

BONHOMME.

Ces messieurs sont servis.

FINET.

Ne faisons pas attendre.

SCÈNE XV.

LES PRÉCÉDENTS, DESJOYAUX.

DESJOYAUX.

Messieurs, je sais l'ami pour qui vous accourez
Et le nom pour lequel on vous voit conjurés.
Ce beau nom est chéri de tous les patriotes.

FINET *(à part)*.

Il croit qu'à de Grainville on apporte des votes.

DESJOYAUX.

Et moi, séide ardent de ce noble parti,
Je viens de vingt flacons de lacryma-christi
Offrir à nos soutiens le précieux hommage.
Bientôt, avec bonheur, vous en connaîtrez l'âge
Et verrez que jamais un vin plus généreux
Ne charma le palais de votants plus heureux.
Daignez les recevoir, et, sans cérémonie,
Les vider au dessert. C'est moi qui vous en prie.

FINET.

Prenons, prenons toujours.

UN ÉLECTEUR.

Mais c'est trop de bonté.

DESJOYAUX.

Veuillez, de grace, en boire un verre à ma santé.

(Il salue et se retire.)

SCÈNE XVI.

LES PRÉCÉDENTS, MOINS DESJOYAUX.

FINET *(à part)*.

C'est dans l'ordre : aux vaincus tous les frais de la guerre.

BONHOMME *(aux électeurs)*.

Le dîner refroidit, et s'il pouvait vous plaire...

(Tout le monde entre.)

FINET.

Qu'on nomme Pierre ou Paul, tout cela n'est qu'un jeu.
J'ai faim, dînons gaîment; le reste importe peu.

SCÈNE XVII.

BONHOMME *(seul)*.

Pourquoi n'avons-nous pas douze fois par année
L'honneur et le profit d'une telle journée?
Examinons ma note : onze cent quinze francs
Qu'on me devra solder en beaux écus comptants.

Au candidat payant que le sort soit propice!
Je lui devrai toujours un joli bénéfice.
Ah! quel beau mécanisme en ce gouvernement!
Quelle institution! Mais il faut sagement
Demander aujourd'hui le prix de la dépense;
Car, si les bulletins n'étaient pas ce qu'on pense,
De Caïphe à Pilate on me verrait bientôt,
Longuement ballotté, me morfondre en nigaud.
Hélas! j'y fus mordu... Je serai plus habile,
Ce que j'entends prouver à monsieur de Grainville.

(Il rentre chez lui.)

FIN DU QUATRIÈME ACTE.

Acte Cinquième.

La scène est sur une place publique, comme au premier et au quatrième acte.

SCÈNE PREMIÈRE.

DUROCHER *(seul)*.

Voilà que mes commis, prompts à faire le mal,
Ont eux seuls absorbé le vin électoral.
Désertant le comptoir, ils hantent la buvette,
Et je me vois forcé de faire maison nette.
O détestables fruits de mon ambition !
Que de frais consacrés à mon élection!
J'ai dissipé déjà plus de deux cents bouteilles
Et j'en attends encor les premières merveilles.

SCÈNE II.

DUROCHER, DES ÉLECTEURS QUI PARAISSENT SUR LE BALCON DE BONHOMME.

UN ÉLECTEUR *(du balcon)*.

Messieurs, à la santé de l'ami Florimond !

UN AUTRE.

A son prochain succès !

DUROCHER.

C'est mon vin, quel affront!

FINET.

Eh bien ! buvons, messieurs.

DUROCHER.

Et Finet qui s'en mêle,
Lui qui jusqu'à présent m'a montré tant de zèle !

FINET *(regardant dans la rue).*

Est-ce bien Durocher ? Je n'y vois pas très-clair :
(En se retirant du balcon.)
C'est lui. Messieurs, pardon, j'ai besoin du grand air.

SCÈNE III.

DUROCHER *(seul).*

Où cacher ma douleur ? Dans quelle solitude
Fuirai-je et les humains et leur ingratitude ?

SCÈNE IV.

DUROCHER, FINET.

DUROCHER.

Et vous aussi, Finet! Sont-ce là de vos coups?

FINET.

Mon cher, ne faut-il pas hurler avec les loups?
Je n'ai rien fait qui soit à votre préjudice,
Et je ne suis pas moins tout à votre service.

DUROCHER.

Mais ce vin qu'on devait vider à ma santé,
Pour un autre on le boit contre toute équité.

FINET.

Nos destins, malgré moi, sont changés, je l'avoue :
Nous combinons des plans, la fortune s'en joue.
Nos électeurs devaient voter pour Durocher,
Grainville est survenu qui les a su toucher ;
Puis Grainville à son tour est vaincu par un autre,
Et son malheur devient l'équivalent du nôtre.
Qu'y faire ? La victoire est restée à Francœur.

Mais que n'essayez-vous de fléchir le vainqueur?

DUROCHER.

Le moyen?

FINET.

Pour Alfred lui demander sa fille.

DUROCHER.

Ils obtiendraient l'honneur d'entrer dans ma famille!

FINET.

Cet honneur, selon moi, serait bien compensé:
Écoutez mon conseil.

DUROCHER.

Il me paraît sensé;
Mais c'est trop tard.

FINET.

Francœur aurait du temps de reste
Pour déplacer l'appui qui nous est si funeste.

DUROCHER.

Vous le croyez, Finet.

FINET.

J'en suis à peu près sûr.

DUROCHER.

Eh bien! j'irai trouver cet allié futur.
Pourtant...

FINET.

Ne tardez point, et, pour vous être en aide,
Je vais faire éclater la cause que je plaide,
Répandre en mille endroits les rubans, les brevets,
Promettre avec aplomb sans songer aux effets :
L'un aura son bureau, l'autre obtiendra sa charge,
Et, les bulletins faits, de tout je me décharge.
Vous, partageant mes soins, mais sans en avoir l'air,
Semez quais et canaux, ponts et chemins de fer.
Je vous laisse. Au revoir.

SCÈNE V.

DUROCHER *(seul).*

Oui, son ardeur m'entraîne,
Et je cours l'emporter ou mourir à la peine.
Ah! voici justement mon soutien le Préfet.

SCÈNE VI.

DUROCHER, MONVEL.

MONVEL.

Je venais vous trouver. L'essentiel est fait.
J'ai donné promptement à nos amis contre-ordre
Et vous serez nommé, je n'en veux pas démordre.
Cependant vous avez un nouveau concurrent,
Florimond, qui vous forme un obstacle assez grand.
On s'agite en tout sens et je vois que la ville
Délaisse en sa faveur la cause de Grainville.

SCÈNE VII.

LES PRÉCÉDENTS, ANTOINE.

ANTOINE *(à Monvel en lui remettant un paquet cacheté).*

Je viens d'après votre ordre...

MONVEL *(à Durocher).*

Ah! bien. C'est un exprès
Qui m'arrive plus tôt que je ne l'espérais.
Je serais désireux, monsieur, ne vous déplaise,
D'en prendre sur-le-champ...

DUROCHER.

Oh! faites à votre aise.

SCÈNE VIII.

DUROCHER, MONVEL, RAYMOND.

(Monvel s'occupe à lire ses dépêches et de temps à autre fait des signes d'étonnement.)

DUROCHER.

C'est vous, mon cher Raymond? où courez-vous ainsi?

RAYMOND.

Je vais pour une affaire à quelques pas d'ici.

DUROCHER.

Mais cette affaire, ami, ne peut-on la connaître?

RAYMOND.

Eh bien! je vais voter; veuillez donc me permettre...

DUROCHER.

A propos, à qui donc donnez-vous votre voix?

RAYMOND.

Dans un cas aussi grave on hésite parfois.

DUROCHER.

Veuillez me l'accorder; je puis, en récompense...

RAYMOND *(l'interrompant)*.

Une autre affaire encor réclame ma présence.

(Il salue et se retire.)

DUROCHER *(l'accompagnant)*.

N'avez-vous point de fils ou de fille à pourvoir?
Mon amitié pour vous alors se ferait voir;
De place à demander? il marcherait bien vite
Mon heureux protégé, quel que fût son mérite.

SCÈNE IX.

DUROCHER, MONVEL.

MONVEL *(à part, après avoir lu)*.

Le Cabinet n'est plus. Tout s'est vérifié.
En faveur de la gauche il est sacrifié;
Et pour l'élection le comité m'ordonne
D'être bien attentif au choix de la personne.
Il faut un zèle pur, un civisme éprouvé.
Tout autre choix serait fortement improuvé.
Le nouveau Cabinet veut presque l'impossible :
On le verra plus tard beaucoup moins inflexible.

(A Durocher qui est venu se replacer près de lui.)

Quel est ce Florimond?

DUROCHER.

Un certain campagnard
Dont l'apparent succès n'est qu'un jeu du hasard,
Un caractère entier, un esprit difficile,
Inclinant vers la gauche, à l'intrigue inhabile,
Ne voulant rien pour soi, ne sachant pas changer :
De ces gens avec qui l'on ne peut transiger;
Vous me comprenez bien.

MONVEL.

Je vous comprends de reste.

DUROCHER.

On ferait au Ministre un présent bien funeste.

MONVEL.

Florimond est loyal, c'est un très-grand défaut;
Mais, par malheur, monsieur, c'est l'homme qu'il nous faut.
Quoi! nous, favoriser... qui donc? des girouettes
Au vent de la puissance à tourner toujours prêtes!
Non, monsieur, il nous faut des cœurs indépendants
Et non de ces esprits si fort accommodants.
J'avais pensé d'abord pouvoir, en conscience,
Vous accorder l'appui de mon expérience;
Mais, monsieur, vos discours m'ont trop tôt démontré
Que vous ne sauriez point agir à notre gré.
J'éprouve à vous le dire un déplaisir extrême,
Et m'éloigner devient votre ouvrage à vous-même.
Je dois m'y résigner, en dépit de mon cœur;
Mais je n'en suis pas moins votre humble serviteur.

(Il sort.)

SCÈNE X.

DUROCHER (*seul*).

(Il reste un moment muet.)

Oh! quel petit préfet! aucune consistance!...
J'en conviendrai, je sens s'ébranler ma constance.

Que de déceptions ! Oh ! pauvre humanité !
Quand pourrai-je rentrer dans mon obscurité ?

SCÈNE XI.

DUROCHER, ALFRED.

DUROCHER.

C'est, je crois, mon neveu.

ALFRED.

Je m'approche avec crainte.

(Durocher lui fait signe d'avancer.)

DUROCHER.

Si j'ai reçu de vous un grand sujet de plainte,
Monsieur, le cœur d'un oncle est si rempli d'amour
Que le ressentiment n'y vit pas même un jour,
Et que cet oncle agit pour venger son offense
Comme un autre agirait dans sa reconnaissance.

ALFRED *(à part)*.

Où veut-il en venir ?

DUROCHER.

Oublions le passé
Et marchons droit au fait : je suis un peu pressé.
Voyons, n'avez-vous pas le mariage en tête ?

ALFRED.

Je dois en convenir.

DUROCHER.

Ce désir est honnête.
Et comment trouvez-vous la fille de Francœur ?

ALFRED.

Mon oncle, à cet égard vous connaissez mon cœur.

DUROCHER.

N'est-ce pas en tous points un parti très-sortable ?

ALFRED.

Je n'en connais aucun qui soit plus désirable.

DUROCHER.

Beauté, vertus, candeur, tout s'y trouve assemblé.
Le poète y verrait un beau ciel étoilé.
On dira, j'en conviens, qu'un manque de fortune
Parmi tant de trésors nous offre une lacune;
Mais, après tout, l'argent fait-il seul le bonheur?
Non; s'en occuper trop, c'est trop lui faire honneur.

ALFRED (*à part*).

Je tombe de mon haut.

DUROCHER.

Vous aimez la personne :
Cela suffit, Alfred; votre oncle vous la donne.

ALFRED.

Merci, cent fois merci! vous comblez tous mes vœux.
(A part.)
Et moi qui tout à l'heure étais si malheureux!

DUROCHER.

Instruisez Élisa de ce qu'on fait pour elle.
Moi je vais à son père en porter la nouvelle.

ALFRED.

Je cours vers Élisa.

DUROCHER.

Justement le voici.

SCÈNE XII.

DUROCHER, FRANCOEUR.

DUROCHER.

Je suis charmé, monsieur, de vous trouver ici.

FRANCOEUR.

Vous m'y voyez, monsieur, tout à votre service.

DUROCHER.

De vous précisément j'attends un bon office.

FRANCOEUR.

Veuillez vous expliquer.

DUROCHER.

Je suis un vieux garçon ;
Car j'ai tenu toujours à vivre à ma façon,
Ne pouvant me plier au joug du mariage.
Y songer à présent pour moi serait peu sage ;
Mais j'ai de par le monde un fripon de neveu
Qui vient, sur ce sujet, de me faire un aveu.
C'est un jeune avocat, l'espoir de sa famille,
Et ce diable incarné prétend à votre fille.

FRANCOEUR.

Je le connais beaucoup. S'il a votre agrément,
Je ne vois pas d'obstacle à mon consentement.

DUROCHER.

Oui, dans mon testament, si ce drôle en est digne,
Il obtiendra plus tard la faveur d'une ligne.

FRANCOEUR.

Mon agrément, monsieur, n'étant pas un calcul,
L'espoir que vous donnez est pour moi presque nul.

DUROCHER.

Mais il ne gâte rien. Oui, le jeune ménage
De mon affection obtiendra plus d'un gage.
Entrevoyant des biens que je dois retenir,
Il pourra se bercer du plus riche avenir.

FRANCOEUR.

A merveille!

DUROCHER.

Avec moi d'accord sur cette affaire,
Voulez-vous de ce pas venir chez le notaire?

FRANCOEUR.

Soit.

DUROCHER.

Sur certain sujet je prétends en chemin
Vous prier sans façon d'un léger coup de main
Qu'on peut bien s'accorder entre amis, je le pense,

Et qui sera d'ailleurs ma juste récompense.
Allons, prenez mon bras.

FRANCOEUR (*à part*).

Je comprends à la fin;
Mais des deux nous verrons qui sera le plus fin.

SCÈNE XIII.

DE GRAINVILLE, MADAME FINET.

DE GRAINVILLE.

Francœur et Durocher, autre sujet de crainte!
Qu'ils sont affreux les coups dont mon ame est atteinte!

MADAME FINET.

Vous connaissez pour vous tout mon vif intérêt,
Hélas! à le prouver mon cœur est toujours prêt.
Suivez donc, cher monsieur, le conseil que je donne:
Notre cause est à bout si Francœur l'abandonne.
Nous comptions ce matin de nombreux électeurs,
Du zèle qui m'anime heureux imitateurs;
Leur fanatisme ardent le disputait au nôtre.
Je n'ai fait que passer, ils votaient pour un autre.
Le renégat Francœur intriguant contre nous,
Il faut absolument le ramener à vous:
Plus le péril est grand, et plus la valeur brille.

DE GRAINVILLE.

Hier à Florimond j'ai refusé ma fille
Que Francœur est venu me demander pour lui.
J'attribue à cela nos malheurs d'aujourd'hui.

MADAME FINET.

On peut encor, je crois, en réparer la faute,
Car un appui se rend tout aussi bien qu'il s'ôte.
Hâtez-vous, consentez aux désirs de Francœur,
Et faites tout enfin pour regagner son cœur.

DE GRAINVILLE.

C'est maintenant trop tard.

MADAME FINET.

Pourquoi perdre courage?
Désespérer sitôt ne me semble pas sage;
Et d'ailleurs Florimond, qu'il soit ou non élu,
Vous convient, selon moi, d'autant mieux qu'il a plu.
Votre sort de ce choix pourrait fort bien dépendre.
Vainqueur, votre rival deviendrait un beau gendre.

DE GRAINVILLE.

Ah! Florimond l'emporte, et je cours à l'instant
Rendre à ses qualités un hommage éclatant.

MADAME FINET.

Je vais de mon côté, redoublant ma poursuite,
A nos anciens amis reprocher leur conduite,
Remuer terre et ciel dans mon zèle opportun
Et semer tous les biens sous les pas de chacun.
Si vous êtes nommé, l'on verra, je l'atteste,
La ville transformée en un séjour céleste.
Adieu, le temps s'envole et je cours intriguer.
Pour vous, sur d'autres mers, tâchez de naviguer.

DE GRAINVILLE.

Puisse bientôt le sort cesser de m'être hostile!

SCÈNE XIV.

DE GRAINVILLE, BONHOMME.

BONHOMME *(à part)*.

Justement j'aperçois l'amphitryon Grainville.

DE GRAINVILLE *(voyant Bonhomme)*.

Eh bien! ces électeurs?

BONHOMME.

Ils sont à savourer
Le dessert succulent que j'ai su préparer...
Recevez donc la carte avec soin établie
Des grands frais...

DE GRAINVILLE.

La demande est assez impolie.
Quoi! le dessert commence et vous parlez de prix!
D'un tel empressement je dois être surpris.

BONHOMME.

Excusez-moi, monsieur; mais, en bon politique,
Bien assurer mes droits c'est à quoi je m'applique.
Si me payer vous gêne, eh mon Dieu! tout est dit.
Vous acceptez la note, eh bien! cela suffit.

DE GRAINVILLE.

Le Préfet m'a promis d'en acquitter la somme.

BONHOMME.

J'estime le Préfet, mais vous êtes mon homme.

DE GRAINVILLE.

De me croire un instant faut-il vous supplier?

BONHOMME.

Vous avez commandé, c'est à vous de payer.

DE GRAINVILLE.

Ah Dieu! que ce lourdaud est difficile à vivre!

BONHOMME.

Payez et le lourdaud cesse de vous poursuivre.

DE GRAINVILLE *(à part)*.

Je crois apercevoir mon ami le Préfet.
Il viendrait bien à temps... Il approche en effet.

SCÈNE XV.

DE GRAINVILLE, BONHOMME, MONVEL, CHARLES.

MONVEL *(à son fils)*.

J'en soutiens un troisième, eh mon Dieu! qui le nie?

CHARLES.

Mais du moins dois-je encor m'occuper d'Eugénie?

MONVEL.

Oh! gardez-vous en bien.

DE GRAINVILLE.

Vous venez à propos
Pour rendre à ce maroufle un instant de repos.
N'est-ce point entre nous chose bien convenue
Que, des bons électeurs célébrant la venue,
Vous seul acquitteriez avec les fonds secrets
Le repas, le voyage et tous les autres frais?

MONVEL.

Vous m'avez mal compris. Quoi! monsieur de Grainville,
J'aurais pu m'efforcer, dans mon zèle inhabile,
De porter un tel coup à nos élections
Et de fausser ainsi nos institutions?
Quoi! je ferais servir la richesse publique,
Sans nul respect humain, à cet usage inique!
J'oserais employer l'argent des fonds secrets,
Qui doit sauver l'État, à d'indignes apprêts!
Pour qu'une élection soit bien nationale,
Elle doit être libre et nullement vénale.
Le devoir d'un Préfet, c'est d'être neutre ici;
Protéger tous les droits, c'est son premier souci.
Il veut que l'électeur, votant en conscience,
N'obéisse jamais qu'à son expérience,
Et je suis étonné qu'un homme tel que vous
Du respect qu'on se doit ne soit pas plus jaloux.

DE GRAINVILLE.

Je suis étonné, moi, qu'un langage aussi digne
Soit ainsi prodigué pour un mensonge insigne.

MONVEL.

Votre mémoire est faible et vous guide très-mal.

DE GRAINVILLE.

Vous la jugeriez mieux si vous étiez loyal.

CHARLES *(à de Grainville)*.

Ah! par grace, monsieur, faites trève aux injures.

MONVEL *(à de Grainville).*

Monsieur, vos souvenirs ne sont rien qu'impostures.

CHARLES *(à Monvel).*

Mon père, éloignons-nous.

BONHOMME *(à de Grainville).*

Payez, c'est le plus court.

DE GRAINVILLE *(à Monvel).*

Je parlerai, monsieur.

MONVEL *(à de Grainville).*

Au vaincu l'on est sourd.

DE GRAINVILLE.

Et sur vous le public exerçant son contrôle
S'étonnera bientôt de votre indigne rôle.

BONHOMME *(à de Grainville).*

Eh ! par grace, payez : pourquoi tant marchander ?

MONVEL.

C'est vous qu'on sifflera.

BONHOMME.

Le mieux est de céder.

CHARLES.

Eh ! messieurs, calmez-vous.

DE GRAINVILLE.

Vous agissez en traître.

MONVEL.

Et vous en étourdi.

BONHOMME *(à Monvel).*

Modérez-vous, mon maître.

DE GRAINVILLE.

Nous pourrons nous revoir pour vider cet affront.

MONVEL.

Quand vous voudrez, monsieur.

LES ÉLECTEURS *(de l'intérieur de l'auberge).*

Oui, vive Florimond !

MONVEL (*à de Grainville*).

Monsieur, vous entendez cet arrêt populaire.

DE GRAINVILLE.

O désespoir !

BONHOMME.

Payez pour solder cette affaire.

DE GRAINVILLE.

Suivez-moi.

BONHOMME.

De tout cœur.

(Bonhomme et de Grainville sortent.)

SCÈNE XVI.

MONVEL, CHARLES.

MONVEL.

A force d'insister,
Il m'échauffait la bile et j'allais m'emporter.

CHARLES.

Mais convenez du moins qu'il n'est pas honorable
D'user près d'un amï d'un procédé semblable.

MONVEL.

Ah! si j'ai quelques torts dans cette occasion,
Mon fils, n'en accusez que ma position.
Est-il pour un Préfet une marche tracée
Qui bientôt par ses mains ne doive être effacée?
En esclave insoumis, peut-il ne pas changer ?
Peut-il, s'il le voulait, résister sans danger ?
Il se hâte d'offrir, dans son expérience,
A nouveau Cabinet nouvelle conscience.
Un Préfet, direz-vous, pourrait se retirer,
Puis avec ses amis quelque beau jour rentrer.
Mais, mon fils, ses amis ne rentreront eux-mêmes
Qu'après s'être accrochés à de nouveaux systèmes,
Et dès lors il faudrait changer à l'unisson.

Autant vaut donc rester et changer sans façon.
Vous voyez, mon enfant, que ce n'est point ma faute
Si le don fait hier dès aujourd'hui je l'ôte.

CHARLES.

Brisons. Vous soutenez un nouveau candidat.
Qu'est-il enfin? Quel est son nom et son état?

MONVEL.

Son nom est Florimond. C'est un propriétaire.

CHARLES.

Et dans ce candidat ai-je encore un beau-père?

MONVEL.

C'est un jeune homme.

CHARLES.

Alors il me faut renoncer
A l'espoir dont hier vous vouliez me bercer.
Je resterai garçon et mon cœur s'y résigne.
Quelque jour de l'hymen on me verra plus digne.

MONVEL.

Point, mon fils, car je veux m'adresser à Francœur.
C'est un homme influent, de mérite et de cœur;
Je le crois éligible, et, connaissant sa fille,
J'aimerais à vous voir entrer dans sa famille.

CHARLES.

Parlez donc à Francœur, vous serez écouté.

MONVEL.

Mais je voudrais avant en faire un député,
Et pour cela saisir l'occasion prochaine.

SCÈNE XVII.

MONVEL, CHARLES, DUMAS.

MONVEL *(à Dumas qui marche vivement).*

C'est vous, Dumas! quel est le but qui vous amène?

DUMAS.

Monsieur, je cours voter.

MONVEL.

Et pour qui, s'il vous plaît?

DUMAS.

Appuyer de Grainville est mon nouveau projet.

MONVEL.

Et, de grace, d'où vient ce changement rapide?

DUMAS.

Il m'était glorieux de vous prendre pour guide.
Puis ma femme, avec qui j'en voulais raisonner,
A votre candidat a su me ramener,
Et j'ai dit, maintenant je n'en saurais démordre,
Que je devais ma voix au partisan de l'ordre.

MONVEL.

Il m'est bien douloureux de rencontrer partout
Des cœurs dont un instant met la constance à bout.
Persévérer, monsieur, eût été bien plus digne,
Et votre complaisance est d'un très-mauvais signe.
Eh! monsieur, croyez-vous qu'un pouvoir exigeant
Veuille imposer des lois pour prix de son argent?
Non, cent fois non. Il veut qu'une ame honnête et franche
Dans la rigueur du droit constamment se retranche.
Ainsi, sans me forcer à d'autres arguments,
Vous reprendrez, monsieur, vos premiers sentiments.

DUMAS.

Je cours vous obéir.

(A part en s'en allant.)

Si j'y puis rien comprendre...

CHARLES *(à part)*.

L'ordre du télégraphe est bon à sous-entendre.

SCÈNE XVIII.

CHARLES, MONVEL, DESJOYAUX.

MONVEL.

Ah! monsieur Desjoyaux! Et vous allez voter?

DESJOYAUX.

En effet, de ce pas...

MONVEL.

Daignez donc m'écouter.
Vous accordez, dit-on, l'honneur de votre vote
A monsieur de Grainville?

DESJOYAUX.

Oui, car, bon patriote,
Je dis que soutenir notre gouvernement
Est pour chacun de nous le devoir du moment,
Que le pays est las de luttes intestines,
Et que saper toujours ne fait que des ruines.

MONVEL.

Ces sentiments, monsieur, sont parfaits; mais je crois
Pouvoir, sans les blesser, éclairer votre choix.
A mes yeux, Florimond plus que tous a des titres
Pour être du pays l'un des nobles arbitres.
Il chérit à la fois l'ordre et...

DESJOYAUX *(l'interrompant)*.

J'en suis fâché,
Mais tantôt de son char je me suis détaché.
De ses opinions ayant pris connaissance,
J'ai vu quel en était le peu de consistance;
Que, constamment guidé par son seul intérêt,
Sans rougir, dès demain, sans doute il changerait;
Enfin qu'à nul égard il ne serait notre homme,
Et chez tous mes amis c'est Grainville qu'on nomme.

MONVEL.

Cependant...

DESJOYAUX *(l'interrompant)*.

Le devoir...

MONVEL.

Souffrez...

DESJOYAUX.

Non, c'est en vain.

MONVEL.

Ah! nommez Florimond et j'écris dès demain
Au Ministre enchanté que c'est à votre zèle
Que nous devons le gain d'une cause si belle,
Et bientôt, j'en réponds, vous obtiendrez l'emploi
Qu'en secret vous voulez et qui dépend de moi.

CHARLES *(à part).*

Nous venons de toucher le côté vulnérable.

MONVEL.

Monsieur, pour Florimond montrez-vous équitable.

DESJOYAUX.

Je dois en convenir, c'est un homme de bien.

MONVEL.

Un cœur indépendant.

DESJOYAUX.

Un parfait citoyen.

MONVEL.

Chérissant ses devoirs.

DESJOYAUX.

Prompt à rendre service.

MONVEL.

Je suis charmé qu'enfin vous lui rendiez justice.

DESJOYAUX *(hésitant).*

De Grainville pourtant doit compter sur ma voix.

MONVEL.

Votre patriotisme a mérité la croix.
Secondez nos efforts, et ce glorieux signe
Des électeurs viendra distinguer le plus digne.

DESJOYAUX *(avec effusion).*

Ah! monsieur le Préfet...

MONVEL.

Puis-je à présent compter
Que vous et vos amis viendrez nous assister?

DESJOYAUX.

Vous avez su me vaincre à force d'éloquence.

MONVEL.

Allez donc, mon ami, voter en conséquence.

SCÈNE XIX.

CHARLES, MONVEL, LES ÉLECTEURS DE LA CAMPAGNE QUI SORTENT DE CHEZ BONHOMME.

UN ÉLECTEUR.

Nos corps sont restaurés. Sur les vœux du pays
Ramenons maintenant l'ardeur de nos esprits.

UN AUTRE.

A voter de son mieux que chacun s'étudie.

CHARLES *(s'en allant)*.

Je cours voir au théâtre une autre comédie.

(Il sort.)

SCÈNE XX.

MONVEL, LES ÉLECTEURS DE LA CAMPAGNE.

MONVEL.

Votre suffrage est libre, et certes, mes amis,
Moi le Préfet, jamais je ne croirai permis
D'imposer à vos cœurs un nom plutôt qu'un autre.
Mais, parmi tant de noms, sachez quel est le nôtre.
Vous faudrait-il un pont, des chemins vicinaux?
Êtes-vous accablés sous le poids des impôts?
Choisissez Florimond, vous ne pouvez mieux faire.
Aucun n'est plus que lui chéri du Ministère.

UN ÉLECTEUR.

Nous sommes tous d'accord.

UN AUTRE.

Oui, nous le choisissons.

MONVEL.

Pourtant je n'entends pas vous donner des leçons,
Ni sur vous exercer la plus faible influence.
Je vous laisse voter avec indépendance.
Adieu, messieurs.

PLUSIEURS ÉLECTEURS.

Monsieur...

SCÈNE XXI.

LES ÉLECTEURS, DUROCHER QUI ARRIVE DE L'AUTRE CÔTÉ DE LA SCÈNE.

UN ÉLECTEUR.

Bien fixés cette fois,
Pour l'heureux Florimond votons tout d'une voix.

(Ils sortent.)

DUROCHER *(qui a entendu l'électeur).*

Je n'ai pu de Francœur obtenir qu'une trêve;
Mais j'espérais encor, ce dernier trait m'achève.
O douleur!... Et Finet, mon zélé confident,
Il m'abandonne aussi... Le voici cependant.

SCÈNE XXII.

DUROCHER, FINET.

DUROCHER.

Eh bien! ces électeurs?

FINET.

Ils viennent en grand nombre,
Et l'espoir le plus doux a percé la nuit sombre.
Notre cause est gagnée. Après de longs efforts,
D'ingénieux discours, d'insidieux rapports,
De durs engagements que plus tard on élude,
J'ai vu se prononcer enfin la multitude.
Ah! quel heureux pays nous allons habiter,
Si de tant de bienfaits vous pouvez le doter!

Désormais la misère y doit être inconnue;.
La soif de nos désirs y sera prévenue;
Les places, le brevets, les bureaux et les croix,
Les quais et les trottoirs y pleuvront à la fois,
Et, grace à vos efforts, notre ville enfumée
En véritable Eden se verra transformée.
Mais ce beau résultat, longuement contesté,
Je l'ai par mes efforts chèrement acheté.

DUROCHER.

Vous avez combattu comme un vrai patriote
Et je cours vous aider par l'appui de mon vote.

(Il sort.)

SCÈNE XXIII.

FINET *(seul)*.

Allons, pour moi, je vais me reposer un peu.
Ah! que d'activité l'on dépense à ce jeu!

SCÈNE XXIV.

CRÉDULE , FINET.

FINET *(à part)*.

Mais d'un bon électeur cet homme a l'encolure.
Si j'allais... Risquons-nous à tenter l'aventure.

CRÉDULE *(à part)*.

Francœur pour Florimond a demandé ma voix;
Mais à trop se presser on s'égare parfois.

FINET.

Monsieur est électeur?

CRÉDULE.

A vous rendre service.

FINET.

Justement. Comme vous je vais entrer en lice.
Et qui nommerez-vous?

CRÉDULE.

J'ai choisi Florimond,
C'est un...

FINET.

De votre part ce choix-là me confond.
Vous, bon bourgeois, laissez ce choix à la campagne
Et préférez un nom que la gloire accompagne.
La ville tout entière a choisi Durocher,
Car pour rencontrer mieux il faudrait bien chercher.

CRÉDULE.

Va donc pour Durocher, si c'est un homme habile.

FINET.

Dieu! madame Finet!

CRÉDULE *(à part)*.

Je suis d'humeur facile.

FINET.

Puis-je compter sur vous?

CRÉDULE.

Oui, monsieur.

FINET.

Bien. Je pars
Et je cours rallier nos bataillons épars.

SCÈNE XXV.

MADAME FINET, CRÉDULE.

MADAME FINET.

Vous étiez là, monsieur, dans les mains d'un infame.
Voyez comme il a fui.

CRÉDULE.

Vous badinez, madame.

MADAME FINET.

Il n'est pas d'électeur dont il n'ose approcher.

Sans doute il vous parlait de son cher Durocher.

CRÉDULE.

Je conviens qu'à cet homme il n'était pas hostile.

MADAME FINET.

Le seul bon candidat, c'est monsieur de Grainville.
C'est lui qu'ont accepté tous les honnêtes gens
Et que j'appuie aussi de mes soins diligents.
Il vaut ses concurrents vingt fois sans flatterie.
Donnez-lui votre voix, c'est moi qui vous en prie.

CRÉDULE.

A vos raisons, madame, on ne peut résister.
Je vous promets ma voix.

MADAME FINET.

Pouvons-nous y compter?

CRÉDULE.

Sans doute.

MADAME FINET.

Et justement ce gentilhomme approche.

SCÈNE XXVI.

MADAME FINET, DE GRAINVILLE, CRÉDULE.

(Mme Finet et de Grainville causent ensemble.)

CRÉDULE (*à lui-même*).

Ayant promis ma voix par trois fois sans reproche,
Dès le premier scrutin je nomme Florimond ;
Je pousse avec ardeur Durocher au second ;
Pour de Grainville enfin, je le nomme au troisième,
Et de cette façon je résous le problème.
Si dès le premier tour l'on s'arrête, tant pis!
J'aurai fait de mon mieux ce que j'avais promis.

(Il sort.)

SCÈNE XXVII.

MADAME FINET, DE GRAINVILLE.

MADAME FINET.

Non, la majorité, monsieur, vous est acquise;
Le doute, à cet égard, pour vous n'est plus de mise.

DE GRAINVILLE.

J'ai déposé mon vote et sur-le-champ j'ai fui.
Vais-je atteindre ou manquer le but que je poursui?

MADAME FINET.

Vous l'atteindrez, vous dis-je, et cet honneur insigne
Des Ministres futurs va créer le plus digne.
A l'aide d'un ami du nom de Desjoyaux
Qui m'a fait assister de quinze amis nouveaux,
Lesquels, pour un seul vote, auraient fait une lieue,
J'ai subjugué la ville ainsi que la banlieue.
Sous les yeux de chacun j'ai mis votre avenir,
Ainsi que tous les biens qu'on en doit obtenir.
O le charmant pays! ô l'heureuse contrée,
Bientôt par votre gloire à jamais illustrée!
A tous elle offrira, quels que soient leurs désirs,
Un superflu d'honneurs, de gloire et de plaisirs.

DE GRAINVILLE.

Ah! puisse cette épreuve être bientôt finie!
Mais, de grace, madame, amenez Eugénie.
A mauvaise fortune opposant un grand cœur,
Je veux la présenter à son heureux vainqueur,
Si le sort... Ce sera mon unique vengeance.
Je demeure à deux pas; ayez cette obligeance.

MADAME FINET.

Ah! j'y cours.

SCÈNE XXVIII.

DE GRAINVILLE, FRANCOEUR, ÉLISA.

FRANCOEUR *(sans voir de Grainville).*

Mon enfant, tout peut encor changer.
Nous attendrons ici.

DE GRAINVILLE *(à part).*

Demeurons sans bouger.
Je suis presque tremblant dans ce moment suprême.

ÉLISA.

Qui nous eût dit hier que Durocher lui-même
Montrerait près de nous un tel empressement?

DE GRAINVILLE *(à part).*

Monvel a-t-il bien pu changer si promptement!

FRANCOEUR.

Le vent de la fortune a soufflé; s'il s'arrête,
Que de pleurs dès ce soir couronneront la fête!

ÉLISA.

Mon père, on vient je crois d'annoncer le scrutin.

FRANCOEUR.

Allons, préparons-nous à l'arrêt du destin.

SCÈNE XXIX.

LES PRÉCÉDENTS, DUROCHER, ALFRED, FINET, ET BIENTOT MADAME FINET ET EUGÉNIE.

DUROCHER *(donnant le bras à son neveu).*

Tout doit être fini; je me soutiens à peine.

DE GRAINVILLE *(à part).*

Oh! que l'ambition est une lourde chaîne!

FINET.

Ouf! hélas! Florimond a de majorité

Cent soixante-cinq voix : il est donc député.

DUROCHER.

O sort trop rigoureux !

DE GRAINVILLE.

Quel malheur est le nôtre !

EUGÉNIE *(à part)*.

Satisfaits d'un côté, le serons-nous de l'autre?

ALFRED.

Mon oncle, on vous verra plus heureux quelque jour.

MADAME FINET *(accompagnée d'Eugénie, à de Grainville)*.

Accueillez Florimond : chacun aura son tour.

SCÈNE XXXII.

LES PRÉCÉDENTS, FLORIMOND, MONVEL, RAYMOND.

MONVEL *(à Florimond)*.

Recevez-en, monsieur, mon compliment sincère ;
Mais je vous ai beaucoup aidé dans cette affaire.

DE GRAINVILLE *(au même)*.

Mon gendre, croyez-le, je suis très-satisfait
Et ne veux rien changer à tout ce que j'ai fait.

FLORIMOND.

Pour combler mon bonheur, que l'aimable Eugénie
Dès aujourd'hui consente à partager ma vie.

DE GRAINVILLE.

Mais c'est moi qui l'ordonne.

EUGÉNIE.

Et je dois obéir.

DE GRAINVILLE *(à part)*.

Le voilà député, qui pourrait le trahir ?

FINET *(à Durocher)*.

Mon cher, c'est de Francœur que vous pouvez attendre
Le sort auquel pour vous j'aime encore à prétendre.
On parle sourdement de dissolution.

DUROCHER *(à Francœur)*.

Monsieur, ne croyez pas que mon intention
Soit de rien déranger dans des projets que j'aime.
Mon neveu que voici vous le dira lui-même.

(Il conduit Alfred auprès d'Élisa.)

FLORIMOND *(aux électeurs)*.

Vous avez droit, messieurs, à mes remercîments;
Mais, soyez-en bien sûrs, je tiendrai mes serments :
Honneur et probité resteront ma devise,
Et plus tard vous verrez quelle était ma franchise.

CRÉDULE.

Ma foi! ce Florimond est juste notre fait.

DESJOYAUX.

Vous avez eu mes voix : demandez au préfet.

FINET *(à part)*.

Nous avons échoué : c'est tant mieux, car j'avoue
Que nous méritions bien ce soufflet sur la joue.

FIN.

ERRATA.

Page 52, vers 11 et 12, *lisez :*

FRANCOEUR (*à part*).

Qu'attendre de cet homme?

GRAINVILLE (*à part*).

Un bon emploi, je pense,

Du rédacteur en chef sera la récompense.

Page 75, vers 21, au lieu de

Aidez donc avec force,

lisez : Prêtez donc assistance.

Lyon. — Imprimerie de Boursy fils.

www.ingramcontent.com/pod-product-compliance
Ingram Content Group UK Ltd.
Pitfield, Milton Keynes, MK11 3LW, UK
UKHW012045240726
13965UKWH00003B/1067

9 782013 384070